取り外せて便利！

金沢

大人絶景旅

日本の美をたずねて

金沢市街図MAP
&
バス路線図MAP

CONTENTS

大人絶景旅
日本の美をたずねて
金沢 絶景 市街図 MAP
大判で見やすい！
絶景ナビ 金沢21世紀美術館
▶P.36
五感でアートを感じられる美術館。無料で入場可能なゾーンも
絶景ナビ 鈴木大拙館
▶P.41
仏教哲学者・鈴木大拙の心落ち着く空間が魅力のミュージアム
P.26-27
本多町(北陸放送前)
北陸放送
加賀本陣博物館
松原病院
金沢くらしの博物館
鈴木大拙館 P.41
本多の森ホール
本多町(3)
本多町
長周寺
本多通
酒屋 彌三郎 P.81
県立工高
石引(4)
石引(3)
小立野通
中石引
乗円寺
大学病院
本多町(2)
本多町(1)
鱗町
県幸町庁舎
s & job P.100
幸町
二十人坂
猿丸児童公園
犀川大通り
上川除
菊川(2)
笠舞(3)
笠舞3丁目
菊川町公民館
川上広見
法然寺
菊川(1)
犀川
N
0 50m 100m

日本の美をたずねて
大人絶景旅
'24-'25年度
この景色に出合いたかった
金沢・能登
加賀温泉郷

大人絶景旅 金沢・能登 加賀温泉郷

【表紙の写真】
白米千枚田（→P.128）
Tomo3/PIXTA

CONTENTS
大人絶景旅 '24-'25年度
金沢・能登 加賀温泉郷

本書は、「絶景で選ぶ、絶景を旅する。」をコンセプトに、日本の美しい景色や伝統、名物名品を巡るガイドブックです。厳選したスポットをそのまま巡れるコースで提案しているので、無理なく無駄なく、大人の絶景旅を満喫してほしいと思います。

取り外せる付録
- 定番スポット行き方早見表
- 金沢を走るバスの種類
- かんたんバス時刻表
- 観光バス全線MAP

大判MAP

本書の使い方

データの見方

☎＝電話番号　所＝所在地

時＝営業時間・開館時間　レストランでは開店～閉店の時間、施設では閉館・閉場時間までを表示しています。

休＝休み　原則として年末年始、臨時休業などは除いた定休日のみを表示しています。

料＝料金　入場や施設利用に料金が必要な場合、大人料金を表示しています。

交＝交通　最寄り駅・バス停・ICなどからの所要時間を表示しています。

MAP P.00A-0　その物件の地図上での位置を表示しています。

P＝駐車場　駐車場の有無を表示しています。

▶P.038　本書で紹介しているページを表します。

IN＝チェックイン時間
OUT＝チェックアウト時間
宿泊施設の料金は季節や曜日、部屋タイプなどによって料金が異なる場合がありますので、必ず予約時にお確かめください。

【ご注意】
本書の料金は、原則として取材時点での税率をもとにした消費税込みの料金を掲載していますので、ご利用の際はご注意ください。
★本書に掲載したデータは2023年4月現在のものです。
★ホテル料金はサービス税など、各ホテルにより異なります。料金は2名1室利用の場合の1名あたりの最低料金です。
★本書出版後、内容が変更される場合がありますので、ご利用の際は必ず事前にご確認ください。
★ショップで紹介している商品は売り切れ、または価格が変更になる場合があります。
また料金・時間・定休日・メニューなどは変更になる場合がありますので、あらかじめご確認のうえお出かけください。
★本書に掲載された内容による損害等は弊社では補償しかねますので、予めご了承ください。

D
E
F
川県全図
0 5 10km
禄剛崎
249
珠洲市
白米千枚田
見附島
恋路海岸
輪島市
能登町
九十九湾
のと里山空港
のと里山空港
249
総持寺
穴水
穴水町
穴水駅
七尾北湾
のと鉄道七尾線
249
横田
能登島
七尾市
能登金剛
和倉温泉
能登島大橋
志賀町
和倉温泉駅
徳田大津Jct
七尾駅
高田
160
のと里山海道
P.122-123
七尾
能越自動車道
七尾大泊
七尾線
中能登町
糸魚川駅
富山湾
柳田
灘浦
羽咋市
千里浜
氷見北
黒部市
黒部駅
159
氷見
氷見駅
今浜
雨晴海岸
越ノ潟駅
魚津
宝達志水町
氷見市
氷見線
高岡市
岩瀬浜駅
滑川市
滑川駅
魚津市
高松SA
高岡北
高松
高岡駅
射水市
415
富山駅
日本海
高岡
北陸新幹線
8
滑川
有磯海SA
かほく市
白尾
471
新高岡駅
津幡町
あいの風とやま鉄道線
城端線
立山
上市駅
8
小杉
上市町
内灘町
内灘駅
津幡駅
小矢部市
富山
IRいしかわ鉄道線
砺波市
富山きときと空港
富山地鉄
金沢東
北陸自動車道
小矢部川SA
庄川
砺波
越中八尾駅
岩峅寺駅
西金沢駅
金沢駅
兼六園
野町駅
41
立山駅
常願寺川
白山
富山県
富山市
神通川
金沢市
城端駅
城端SA
上図
有峰林道
北陸鉄道石川線
304
南砺市
湯涌温泉
袴腰トンネル
有峰湖
美川
157
156
川北町
鶴来駅
8
能美市
相倉合掌造り集落
小松
菅沼合掌造り集落
五箇山
471
472
P.149
小松駅
360
小松空港
小松市
360
片山津
北陸本線
手取川
御前SA
416
飛騨市
片山津温泉
加賀温泉駅
笈ケ岳
3
山代温泉
P.148
白川郷
471
大聖寺駅
360
白川郷合掌造り集落
364
手取湖
白山スーパー林道
東海北陸自動車道
高山本線
山中温泉
金津
41
飛騨トンネル
P.146
あわら市
加賀市
石川県
岐阜県
白山市
高山市
芦原温泉駅
白峰温泉
白川村
158
8
高山
丸岡
坂井市
157
156
白山
高山駅
飛騨清見
中部縦貫自動車道
福井北
御母衣湖
福井県
勝山市
白鳥IC
下呂駅
北陸鉄道浅野川線
P.24
P.106
上諸江駅
北陸新幹線
すし食いねぇ! 県庁前店
北陸自動車道
箔一本店 箔巧館
SAKE SHOP 福光屋 金沢店
石川県立図書館 P.24
金沢駅
ひがし茶屋街
金沢城公園
兼六園
野町駅
北陸本線
西金沢駅
付録マップ
茶菓工房 たろう 本店
金沢大学
P.96
辻家庭園
押野駅
北陸鉄道石川線
野々市駅
金沢うら田 泉野店 P.108
工大前駅
四十萬谷本舗 弥生本店 P.113
馬替駅
金沢工業大学
THE TEA SHOP CHANOMI P.114
乙丸駅
P.78 第7ギョーザの店
菓ふぇ MURAKAMI P.82
P.79
カレーのチャンピオン 野々市本店
0 1 2km
P.130 道の駅のと千里浜
P.130 千里浜なぎさドライブウェイ
P.109 まめや 金澤萬久 本店
北陸鉄道浅野川線
P.112 ヤマト醤油味噌 本店
P.15 金沢海みらい図書館
北陸新幹線
2024年春 金沢-敦賀間延伸予定
野々市市
P.113 あら与本店
上出長右衛門窯 P.45
オーベルジュ オーフ P.24
1
2

金沢広域
広域図 P.4
0 100
A
B
C
1
2
3
クロスゲート金沢
IRいしかわ鉄道
八百屋のPalor Horita 205 P.118
富山駅
北陸鉄道浅野川線
北陸新幹線
金沢駅
フォーラス
北鉄金沢駅
駅東口
金沢百番街あんと/あんと 西 P.116
廻る富山湾 すし玉 金沢駅店 P.72
季節料理・おでん黒百合 P.77,118
丸八製茶場 金沢百番街店 P.114
加賀屋 金沢店 P.118
ISHIKAWA SAKE SHOP & BAR 金沢地酒蔵 P.118
8番らーめん金沢駅店 P.118
鮨 歴々 金沢駅店 P.118
本店加賀彌助 P.71
県立音楽堂
ホテル日航金沢
金沢回転寿司 輝らり P.73
北陸本線
北陸新幹線 2024年春 金沢-敦賀間 延伸予定
昭和町
六枚
本町
専光寺
リファーレ
西福寺
金沢シティホテル
白銀
小松駅
芳斉
玉川町
金沢中央局
三社町
三社
超雲寺
昭和大通
こども図書館
近世史料館
市立図書館
玉川公園
長土塀
中央市民体育館
P.115 niguramu
P.90
堀川町
昌永町
昌永橋
浅野本町
小橋町
小橋町
東インター大通
元町
森山北
森山
圓融寺
瓢箪町
彦三大橋
P.48-49
安江町北
彦三町
明成小学校前
みやび・る金沢
西門口前
真宗大谷派金沢別院
彦三町
小橋
浅野川
森山一丁目
城北大通
妙応寺
東山
東山三丁目
東山
即願寺
乗敬寺
蓮昌寺
むさし西
金箔工芸館
武蔵ヶ辻・近江町市場
ANAホリデイ・イン金沢スカイ
はこまち
金沢エムザ
武蔵
袋町
武蔵町
武蔵ヶ辻・近江町市場
下堤町
上近江町
博労町
尾張町
主計町
下新町
ひがし茶屋街
宇多須神社
橋場町
ひがし茶屋街
浅野川大橋
山乃尾
子来町
梅ノ橋
徳田秋聲記念館
金沢文芸館
橋場
橋場町
尾張町
十間町
上堤町
金城楼
並木町
鏡花のみち
了願寺
金沢市
大手町
百万石通
橋場町
天神橋
KKRホテル金沢
黒門
大手堀
大手堀
高岡町
南町
大谷廟所
大手門
大手町
南町・尾山神社
丸の内
金沢白鳥路ホテル 山楽
文化ホール
金沢ニューグランドホテルプレミア
尾山神社
金沢城公園
裁判所
味噌蔵町
材木町
兼六元町
尾山神社前
香林坊
五十間長屋
兼六園下・金沢城
兼六園下
兼六園下
石川門
玉泉庵
三十間長屋
観光物産館
広坂合同庁舎
観光案内所
横山町
尾山
兼六坂
小将町
広坂
香林坊
香林坊大和
丸の内
お堀通
加賀友禅会館
賢坂上
辰巳櫓跡
徽軫灯籠
常福寺
石川四高記念文化交流館
しいのき迎賓館
百万石通
香林坊東急スクエア
香林坊
兼六園
東兼六町
香林坊
広坂・21世紀美術館
兼六町
松山寺
金沢市役所
石浦神社
成巽館
伝統産業工芸館
片町
ホテルクラウンヒルズ金沢
金沢神社
兼六園上
片町きらら
金沢21世紀美術館
金沢医療センター
県立美術館
県立美術館・成巽閣
宝円寺
片町
柿木畠
福祉会館
県立能楽堂
片町
出羽町
石川護國神社
オーバル
飛梅・北陸学院前
堅町
油車
歌劇座
本多通
県立図書館
県立歴史博物館
飛梅町
金沢中署
本多町
加賀本陣博物館
本多の森ホール
金沢くらしの博物館
茨木町
鈴木大拙館
十三間町中丁
本多町
P.26-27
足軽資料館
等雲寺
長町
武家屋敷跡野村家
犀川神社
中央通り町
中央通
日本銀行金沢支店
浄照寺
長町
木倉町
新橋
西蓮寺
片町
敬栄寺
白菊町
千日町
室生犀星記念館
瑞泉寺
犀川大橋
大蓮寺
妙慶寺
野町広小路
成学寺
にし茶屋街
広小路
寺町通
本長寺
妙立寺（忍者寺）
極楽寺
広小路
常松寺
浄安寺
犀川
さいがわ緑地
堅町
鱗町
酒屋 彌三郎 P.81
鱗町
県幸町庁舎
本多町
瑞光寺
小立野通
石引
真行寺
新堅町
犀川大通
慶覚寺
香林寺
金剛寺
少林寺
桜橋
桜橋
高岸寺
幸町
笠舞3丁目
南大通
野町
光専寺
下龍寺
大円寺
本因寺
立像寺
未来のまち創造館
立正寺
月照寺
清川町
菊川
笠舞
寺町
仁志川 P.101
希翁院
弥生
妙法寺
寺町3丁目
法然寺

さっとわかる！　【全域】

コンパクトに見どころが集まる金沢を中心に
コツをつかんで上手に観光しよう。

能登空港
穴水駅
能登鹿島駅
のと鉄道
西岸駅
能登島
能登中島駅
笠師保駅
和倉温泉駅
田鶴浜駅
七尾駅
能登二宮駅
千路駅
羽咋駅
富山湾
敷浪駅
宝達駅
JR七尾線
宇野気駅
中津幡駅
JR北陸新幹線
金沢駅
北陸鉄道石川線
鶴来駅
白川白川郷
ホワイトロード
0　10km

自然に囲まれた風光明媚なエリア
能登

▶P.121

観光のコツ 半島全域が国定公園に指定される能登。のどかな能登の里山は世界農業遺産にも認定されており、海と山が織りなす絶景が楽しめる。ドライブも気持ちいい。

●**白米千枚田** ▶P.128

絶景ナビ

●**千里浜なぎさドライブウェイ** ▶P.130
●**巌門** ▶P.132
●**輪島朝市** ▶P.142

移動

キホン1 目的地に合わせて**1日券**をセレクト！

金沢市内には路線バスや周遊バスなど、便利なバスがたくさん。プランに合わせてお得な1日券を利用しよう。

キホン2 金沢市中心部は「**まちのり**」が便利

市内50カ所にサイクルポートがあるレンタサイクル「まちのり」は、主要なスポットを手軽に回れて便利。

キホン3 能登方面へは**レンタカー**で移動

金沢市内から奥能登（珠洲市）までは車で2時間15分。レンタカーを利用して、ドライブを楽しむのがおすすめ。

見る

キホン4 **雨が多い**金沢。街なかの**置き傘サービス**を利用

突然の雨や雪が多い金沢。金沢駅や市内の主要観光地では傘の無料貸出を実施。困ったときは助けてもらおう。

キホン5 ボランティアガイド「**まいどさん**」と楽しく観光

金沢市内の希望の観光スポットを効率よく案内。ひがし茶屋休憩館をはじめ、市内3カ所に常駐（団体は要予約）。

食べる

キホン 6

海鮮丼は行列覚悟！

地元の海の幸がたっぷり、一杯でいろんな味を楽しめる贅沢な海鮮丼。行列ができる人気店も多いので、朝から営業している店を狙うのも手。

キホン 7

高級寿司は予約がマスト

回転寿司もいいけれど、やはり一度は憧れのカウンターで。席数に限りがある上、最近は寿司を目的に訪れる人も多いので、早めの予約を。

＼ベスト5／ 名物はコレ

1 回転寿司 ▶P.72

2 海鮮丼 ▶P.74

3 加賀料理 ▶P.68

4 和カフェ ▶P.82

5 金沢おでん ▶P.76

買う

キホン 8

金沢駅「あんと」でまとめ買い

金沢駅にある「金沢百番街 あんと」には、お菓子や工芸品など金沢のあらゆるおみやげがズラリ。有名な老舗和菓子店も多数出店している。▶P.116

キホン 9

新鮮な海産物は宅配便を利用

旬の海鮮をおみやげにしたい！家族にも食べてほしい！と思う人は多いはず。金沢駅には宅配便サービスのコーナーがあるので、利用してみて。

＼ベスト5／ 名品はコレ

1 九谷焼 ▶P.104

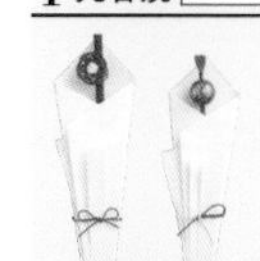

2 加賀水引 ▶P.120

3 金箔 ▶P.106

4 輪島塗 ▶P.141

5 和菓子 ▶P.108

歴史＆文化＆旬が全部集まる

金沢市内

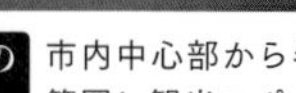

▶P.25

観光のコツ 市内中心部から半径2kmの範囲に観光スポットが集まるので、初めてでも観光しやすい。バスやレンタサイクルを活用して、目当てのスポットをスムーズに巡ろう。

●ひがし茶屋街 ▶P.54 絶景ナビ

●懐華樓 ▶P.56 ●志摩 ▶P.57

●金沢駅 ▶P.116

●兼六園 ▶P.32 絶景ナビ

●金沢21世紀美術館 ▶P.36
●金沢城公園 ▶P.38
●成巽閣 ▶P.40
●にし茶屋街 長町・香林坊 ▶P.89 絶景ナビ

●武家屋敷跡 野村家 ▶P.96
●にし茶屋街 ▶P.98
●妙立寺（忍者寺） ▶P.99

歴史ある温泉郷で湯めぐり

加賀温泉郷

▶P.143

観光のコツ 「山中」「山代」「片山津」「粟津」の4つの温泉地で構成される、北陸随一の温泉郷。それぞれの泉質の違いや、個性あふれる温泉街を楽しむのもおすすめ。

●山代温泉 ▶P.148 絶景ナビ

●山代温泉古総湯 ▶P.148

●片山津温泉 ▶P.149 絶景ナビ

●柴山潟 ▶P.149

●山中温泉 ▶P.146 絶景ナビ

●かがり吉祥亭 ▶P.146
●鶴仙渓川床 ▶P.146

西金沢駅
松任
加賀笠間
北陸自動車道
小松空港（KMQ）
粟津駅
片山津温泉
動橋駅
加賀温泉駅
大聖寺駅
山代温泉
山中温泉

四季折々
大人絶景旅
金沢
江戸時代を通じて加賀前田家が治め、城下町として栄えた金沢。藩政時代の歴史と自然の美が共存する街は、何度訪れても新しい発見がある。
ひがし

ひがし茶屋街　［ひがし茶屋街］
「木虫籠(きむすこ)」と呼ばれる目の細かな出格子を設えた町家が美しいエリア。現役の茶屋やカフェ、雑貨店などが並ぶ。
▶P.54

藩政が育んだ有形無形の美が今も息づく街

江戸時代、日本最大の石高を誇った加賀藩。北陸最大の消費地であることからものづくりの先進地域となり、前田家も職人の育成に力を入れた。その伝統は色あせることなく、漆器、金箔、九谷焼、加賀友禅などの工芸文化が今なお息づく。

また藩は技芸や遊興の振興にも理解を示し、1820年には藩公認の廓を造営。現在は「ひがし」「にし」「主計町」の3大茶屋街が往時の姿で残されている。

歴史
History

加賀百万石の
優美な歴史を
建物でたどる

1 かなざわじょうこうえん 金沢城公園 ［兼六園周辺］ ▶P.38

2 けんろくえん 兼六園 ［兼六園周辺］ ▶P.32

3 ながまちぶけやしきあと 長町武家屋敷跡 ［長町武家屋敷跡］ ▶P.94

1天守閣を持たない金沢城のシンボル的な建物だった菱櫓も再現 2冬の雪吊りが有名な唐崎松 3長町武家屋敷跡には土塀や石畳の小路が残る 4ウルトラマリンブルーという輸入顔料で塗装された群青の間・書見の間 5神門は珍しい和漢洋の建築様式

天正11(1583)年に前田利家が入城し、大規模な城造りとともに城下町として発展した金沢。城は火災で焼失したが、櫓や門などが忠実に再現され、現在は公園として整備。大名庭園であった兼六園、武家屋敷街など、街の随所で藩政の歴史に触れることができる。

自然
Nature

古都とは一転、ドラマチックな半島の絶景

日本海に向けて突出した形である能登半島では、富山湾に面した穏やかな内浦と、断崖絶壁が続く外浦のそれぞれ違う風景に出合える。

世界農業遺産に認定された白米千枚田、巌門洞窟、千里浜など、市街地とは違ったダイナミックな絶景を求めて足を延ばそう。

1 白米千枚田（しろよねせんまいだ）［能登］ ▶P.128

2 がんもん
巌門 [能登]
▶P.132

3 かくせんけいかわどこ
鶴仙渓川床 [山中温泉]
▶P.146

4 ちりはま
千里浜なぎさドライブウェイ [能登]
▶P.130

1今も手作業で米作りが行われる白米千枚田 2「能登金剛」を代表する、洞窟状になった迫力の巨岩 3春は新緑、秋は紅葉を眺めながら、加賀棒茶とスイーツを味わえる川床 4国内で唯一、波打ち際の砂浜を自動車で走行できる

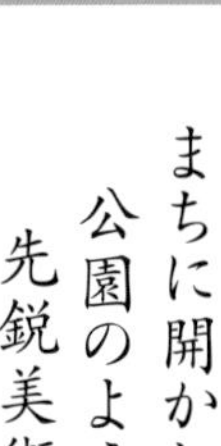

アート
Art

まちに開かれた公園のような先鋭美術館

金沢をアートの街として印象づけたのが、2004年に開館した金沢21世紀美術館。設計はSANAA（妹島和世＋西沢立衛）で、円形の敷地内外に有料の展覧会ゾーンと無料の交流ゾーンが設けられた造りが特徴。「入れる」「触れる」展示作品もあり、子どもから大人まで現代アートを身近に体感できる。

［兼六園周辺］
金沢21世紀美術館（かなざわにじゅういっせいきびじゅつかん）
▶P.36

プールのような錯覚を起こさせる「スイミング・プール」

重なる色の領域ごとに見る景色が変わる「カラー・アクティヴィティ・ハウス」

椅子に腰掛けて写真撮影を楽しもう

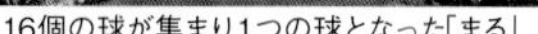

16個の球が集まり1つの球となった「まる」

[金沢市郊外]

金沢海みらい図書館

2011年5月開館。斬新なデザインが特徴的で、2012年に「世界の最も美しい公共図書館ベスト25」に選ばれた。

MAP P.4D-1 ☎076-266-2011

所金沢市寺中町イ1-1 時10:00～19:00（土・日曜、祝日は～17:00）休水曜（祝日の場合は開館）、特別整理期間 料無料 交バス停金沢海みらい図書館前からすぐ P100台

壁面に規則的に並ぶのは、6000もの丸窓

海やものづくりに関する資料も豊富なライブラリー

技と素材が織りなす美味なる金沢

日本海に面した能登地区と、金沢平野に含まれる加賀地区を有し、古くから山海の幸に恵まれた金沢。約300年前には近江町市場が開かれ、新鮮な食材が集まる食の宝庫となった。藩の庇護のもと発達した茶道や料亭文化も多様な食文化の礎となり、今も進化を続けている。

食
Gourmet

寿司

暖流と寒流が交わる石川県の海は全国有数の好漁場。他の地域と違ったネタもあるため、遠方から足を運ぶ食通も多い。

▶P.70

加賀料理

藩政期より受け継がれたハレの日の料理。調理技術のみならず、見た目の美しさ、器、空間まで工夫が凝らされている。

▶P.68

朝ごはん

知らない土地での朝ごはんも旅の楽しみのひとつ。地元民が普段食べているモーニングで、金沢の日常に触れてみては。

▶P.84

和カフェ

和菓子の老舗や料亭がプロデュースするカフェが急増中。茶屋や古民家をリノベした空間で和スイーツを味わおう。

▶P.82

大人の旅プランは、何がしたいか？で選びたい！

テーマ別モデルプラン
ぐるっと周遊

2泊3日　　金沢市・加賀温泉郷

兼六園・金沢城公園・山中温泉
金沢の文化と美味を堪能する王道プラン

新旧の主要な見どころと代表的な金沢グルメを網羅。大満足の内容！

成巽閣

金沢駅

兼六園

1日目 名庭園と武家屋敷をぐるっと巡る

10:00 金沢駅 ▶P.116
バス15分
駅から歩いても30分、レンタサイクルなら15分

10:30 兼六園 ▶P.32
徒歩4分

11:30 成巽閣 ▶P.40
徒歩10分

12:00 金沢城公園 ▶P.38
徒歩3分

13:00 ランチ 豆皿茶屋 ▶P.41
徒歩5分

14:00 玉泉院丸庭園 ▶P.41
徒歩10分

14:30 せせらぎ通り ▶P.97
徒歩2分

15:30 長町武家屋敷跡 ▶P.94
バス13分

16:30 にし茶屋街 ▶P.98
バス8分

18:00 ディナー おでん居酒屋 三幸 本店 ▶P.77

Stay 金沢駅周辺ホテル

金沢城を眺めながら「豆皿茶屋」で休憩

金沢城公園

長町武家屋敷跡

にし茶屋街

「おでん居酒屋 三幸 本店」で金沢おでんを堪能

金沢21世紀美術館

多華味屋

2日目 金沢グルメと伝統文化に触れる

- **9:00** 近江町市場 ▶P.86
  - バス15分
- **10:00** 金沢21世紀美術館 ▶P.36
  - 徒歩8分
- **12:00** ランチ グリルオーツカ ▶P.79
  - バス16分
- **13:00** 懐華樓 ▶P.56
  - 徒歩2分
- **14:00** ひがし茶屋街 ▶P.54
  - 徒歩2分
- **16:00** カフェ 多華味屋など ▶P.64
  - 徒歩5分
- **17:00** 主計町茶屋街 ▶P.60
  - バス12分
- **18:30** ディナー いたる 本店 ▶P.80
  - バス16分
- **20:45** 金沢駅 ▶P.116
  - 電車25分
- **21:30** 加賀温泉駅
- **Stay** 山中温泉の旅館 かがり吉祥亭 ▶P.146

志摩

3日目 山中温泉でリフレッシュ&自然に癒される

- **9:00** 山中温泉の旅館 かがり吉祥亭 ▶P.146
  - 徒歩8分
- **10:00** あやとりはし ▶P.146
  - 徒歩1分
- **10:15** 鶴仙渓川床（かくせんけいかわどこ） ▶P.146
  - 徒歩8分
- **11:45** 食べ歩き 肉のいづみや 山中石川屋 ▶P.147
  - 徒歩2分
- **12:45** 買い物 Mokume ▶P.146
  - 徒歩10分
- **13:15** カフェ 東山ボヌール ▶P.147
  - 徒歩3分
- **14:15** 山中温泉バスターミナル
  - バス+電車 約1時間30分
- **15:45** 金沢駅でショッピング&〆の金沢グルメ

鶴仙渓川床

温泉グルメを食べ歩き

かがり吉祥亭

あやとりはし

成巽閣・鈴木大拙館・お茶屋美術館 新旧多彩な金沢のアートを巡るプラン

美術館の鑑賞はもちろん、金沢ならではのアートな体験も楽しもう！

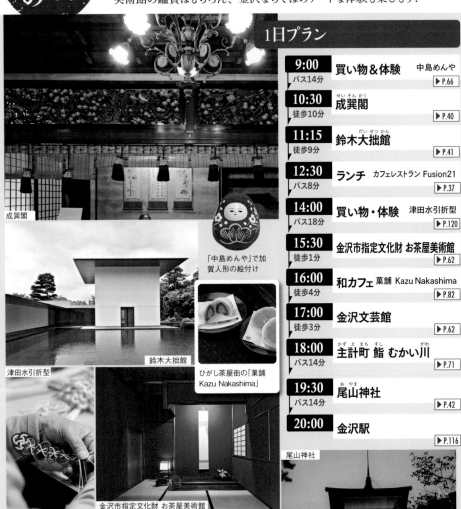

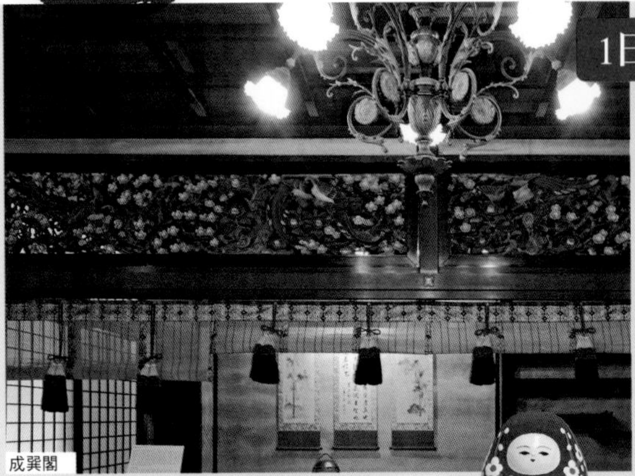

1日プラン

9:00 買い物＆体験　中島めんや ▶P.66
バス14分

10:30 成巽閣(せいそんかく) ▶P.40
徒歩10分

11:15 鈴木大拙館(だいせつかん) ▶P.41
徒歩9分

12:30 ランチ　カフェレストラン Fusion21 ▶P.37
バス8分

14:00 買い物・体験　津田水引折型 ▶P.120
バス18分

15:30 金沢市指定文化財 お茶屋美術館 ▶P.62
徒歩1分

16:00 和カフェ　菓舗 Kazu Nakashima ▶P.82
徒歩4分

17:00 金沢文芸館 ▶P.62
徒歩3分

18:00 主計町(かずえまち) 鮨(すし) むかい川(がわ) ▶P.71
バス14分

19:30 尾山(おやま)神社 ▶P.42
バス14分

20:00 金沢駅 ▶P.116

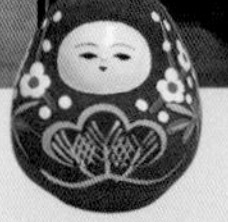

成巽閣

「中島めんや」で加賀人形の絵付け

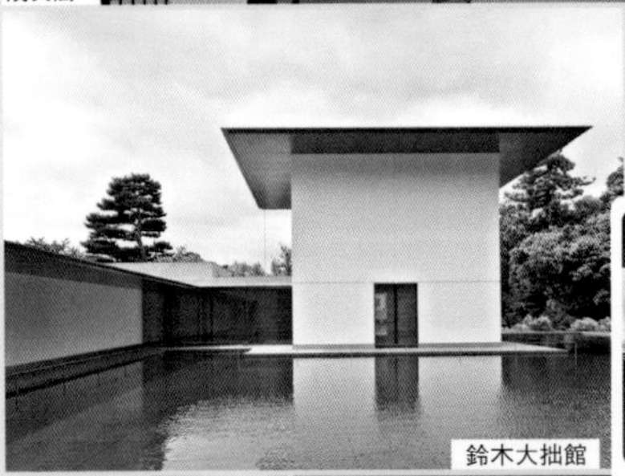

鈴木大拙館

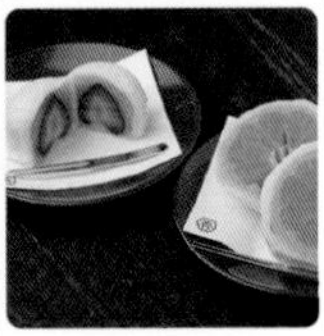

ひがし茶屋街の「菓舗 Kazu Nakashima」

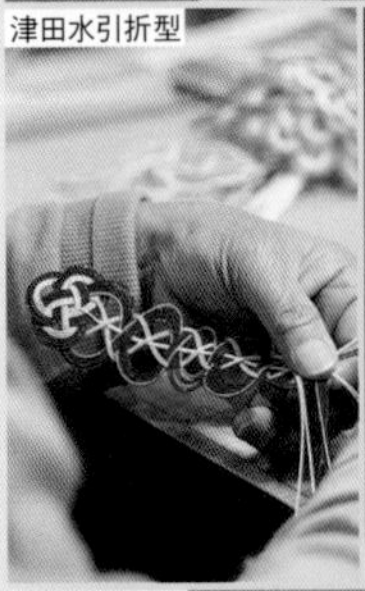

津田水引折型

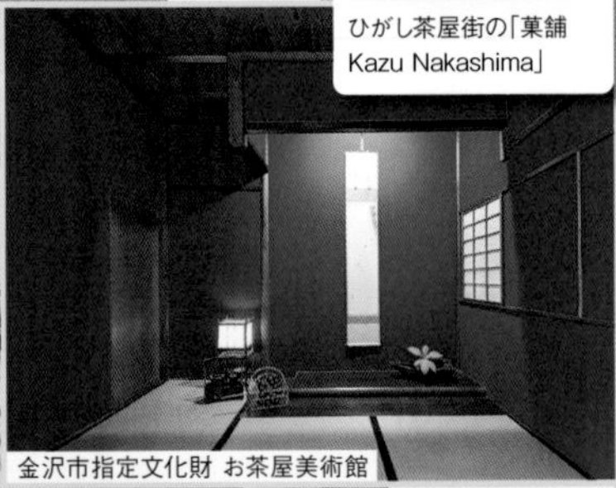

金沢市指定文化財 お茶屋美術館

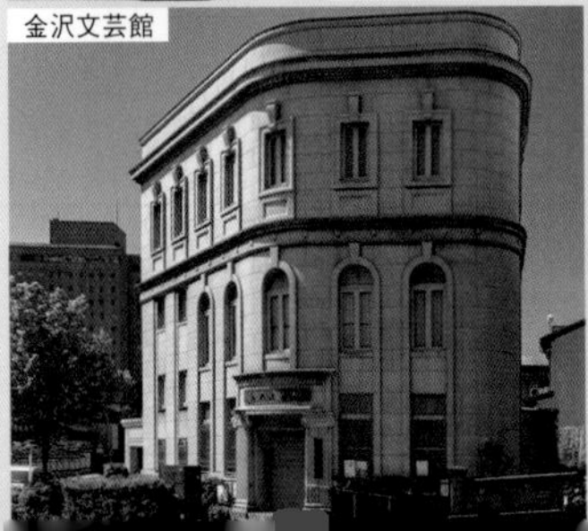

金沢文芸館

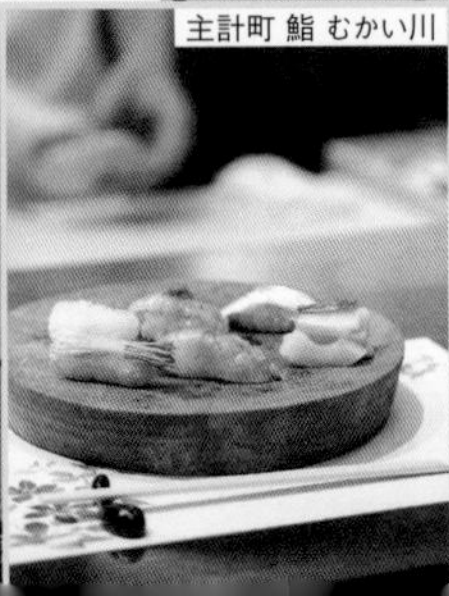

主計町 鮨 むかい川

尾山神社

テーマ別モデルプラン
歴史スポット

1日　長町武家屋敷跡〜にし茶屋街

長町武家屋敷跡・にし茶屋街・加賀料理
加賀百万石の歴史をたどるプラン

歴史が息づく、加賀藩ゆかりのスポットへ。藩士の足跡をたどろう。

1日プラン

8:30 モーニング　ビストロひらみぱん ▶P.84
徒歩6分

9:15 長町武家屋敷跡 ▶P.94
徒歩2分

9:30 武家屋敷跡 野村家 ▶P.96
徒歩3分

10:00 金沢市足軽資料館 ▶P.95
徒歩15分

10:45 料亭 華の宿 ▶P.99
徒歩9分

11:45 ランチ　料亭 穂濤 ▶P.69
徒歩9分

13:15 金沢市西茶屋資料館 ▶P.98
徒歩4分

14:15 妙立寺（忍者寺） ▶P.99
バス9分

15:45 辻家庭園 ▶P.96
バス30分

17:15 金沢駅 ▶P.116

長町武家屋敷跡

武家屋敷跡 野村家

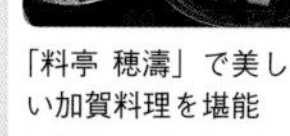

「料亭 穂濤」で美しい加賀料理を堪能

金沢市足軽資料館

モーニングが大人気の「ビストロひらみぱん」

妙立寺(忍者寺)

辻家庭園

料亭 華の宿

1泊2日　能登～和倉温泉～輪島

千里浜・和倉温泉・輪島
能登半島を一周、絶景目白押しプラン

のどかな里山里海の風景を満喫、能登半島の大自然に癒されよう！

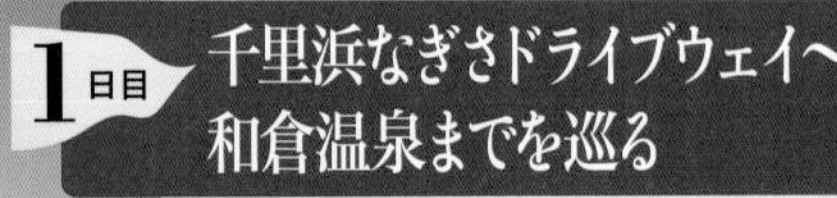

9:00	金沢駅	▶P.116
車で40分		
10:00	千里浜(ちりはま)なぎさドライブウェイ	▶P.130
車で5分		
10:30	道の駅のと千里浜	▶P.130
車で30分		
11:30	巌門(がんもん)	▶P.132
車で30分		
12:30	ランチ 能登すしの庄 信寿し	▶P.140
車で10分		
13:30	一本杉通り	▶P.133
車で30分		
15:00	のとじま水族館	▶P.135
車で25分		
17:30	和倉温泉	▶P.140

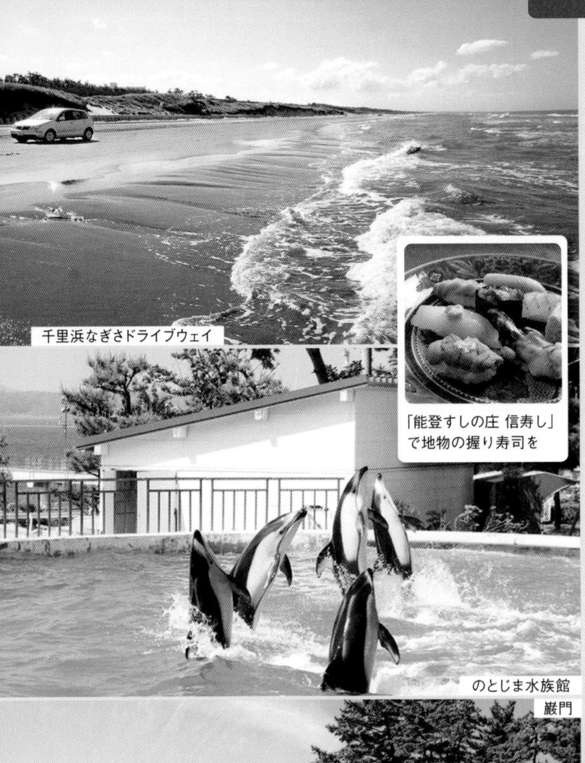
千里浜なぎさドライブウェイ

「能登すしの庄 信寿し」で地物の握り寿司を

のとじま水族館

巌門

道の駅のと千里浜

和倉温泉

2日目 輪島〜奥能登の自然美を巡る

9:00 和倉温泉
車で1時間
▶P.140

10:00 輪島朝市
車で3分
▶P.142

11:00 輪島キリコ会館
車で15分
▶P.137

12:30 白米千枚田（しろよねせんまいだ）
車で30分
▶P.128

13:30 ランチ 能登丼（幸寿し）
車で50分
▶P.131

16:00 道の駅 すず塩田村
車で30分
▶P.137

17:00 スカイバードと青の洞窟
車で30分
▶P.136

18:00 見附島（みつけじま）
車で2時間
▶P.136

20:30 金沢駅
▶P.116

輪島キリコ会館

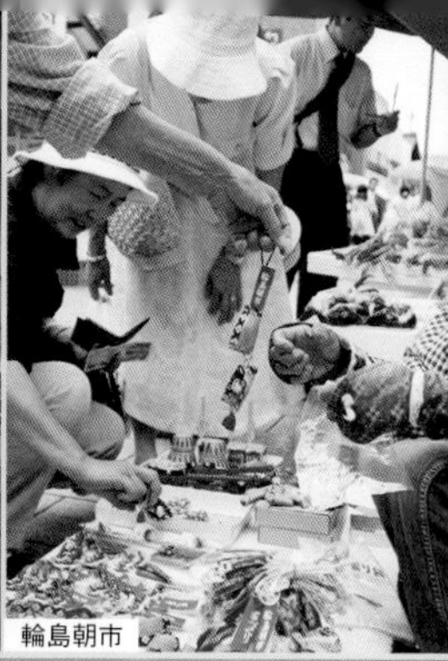
輪島朝市

白米千枚田

能登丼(幸寿し)

道の駅 すず塩田村

歴史ある「揚げ浜式」の塩作りを体験できる

スカイバードと青の洞窟

金沢駅

見附島

金沢瓦版

KANAZAWA TIMES

大人絶景旅

金沢市郊外 すてきすぎる石川県立図書館がオープン！

2022年7月16日にオープンした図書館は、タイル貼りのパネルとガラス面が重なる外観が印象的。蔵書数は100万冊以上を誇り、館内は会話可能で、読書とおしゃべりを楽しめる。館内にはカフェも併設されており、一日のんびり読書にふけるのもすてき。

読書家でなくても一度は訪れてみたくなる

石川県立図書館（いしかわけんりつとしょかん）

MAP P.4D-1 ☎076-223-9565（代表）

所金沢市小立野2-43-1 時9:00～19:00（土・日曜、祝日は～18:00） 休月曜、年末年始、特別整理期間 料無料 交バス停崎浦・県立図書館口からすぐ P400台

小松市 廃校を再生したオーベルジュが話題

過疎化により廃校となった小学校が、2022年7月にオーベルジュとして生まれ変わった。この土地ならではの食材をふんだんに盛り込んだ料理からは、糸井章太シェフの磨かれた感性とセンスが存分に感じられる。

オーベルジュ オーフ

MAP P.4D-3 ☎0761-41-7080

所小松市観音下町ロ48 時IN15:00／OUT11:00 料1泊2食付3万7500円～（2名1室の1名分） 交JR小松駅から車で約20分 P15台

九谷焼タイルで描かれた湯船の壁の富士山

金沢市 老舗銭湯がおしゃれにリニューアル

せせらぎ通りで70年以上愛され、惜しまれつつ閉店した銭湯「松の湯」が2022年11月26日に復活。銭湯内部を彩るのは、色鮮やかなオリジナル九谷焼タイル。昔ながらの雰囲気を残しつつ、モダンに生まれ変わった銭湯は、観光途中にもおすすめだ。

松の湯（まつのゆ）

MAP P.90B-1 ☎076-208-7155

所金沢市長町1-5-56 時13:00～24:00 休水曜 料490円 交バス停香林坊から徒歩5分 Pなし

金沢市 スイーツ自慢のかわいいカフェが続々！

金沢の街を歩けば、思わず立ち寄りたくなるかわいいカフェがあちこちに。スタイリッシュなコーヒースタンドに、ほっこりくつろげる和カフェ…。最近は、かわいい＆おいしいスイーツ自慢のカフェが注目の的！

人気は苺と和栗のモンブラン2200円

RITSUKA（リツカ）

MAP P.48F-2 ☎なし

所金沢市東山1-23-10 時11:00～17:00（LO16:30） 休不定休 交バス停橋場町から徒歩5分 Pなし

原料にこだわった手作りドーナツが人気

どうなつ日和（びより）

MAP P.4D-1 ☎076-254-5830

所金沢市戸板西1-55Baluko Laundry Placeイオンタウン金沢示野内 時10:00～18:00 休水曜 交バス停示野ショッピングセンターからすぐ P1500台

AREA
GUIDE

兼六園 金沢21世紀美術館

周辺スポットからのアクセス

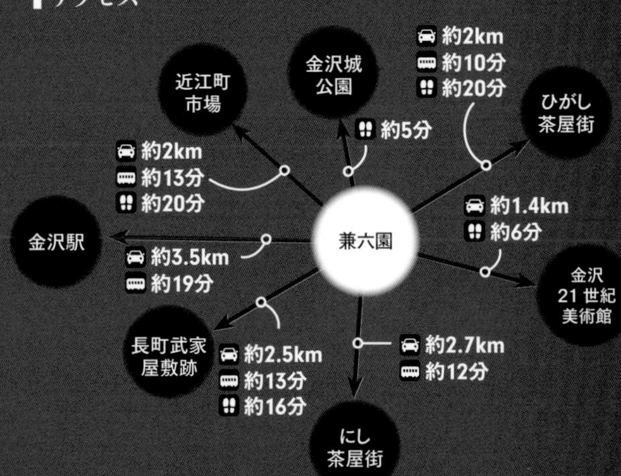

D
E
F
大手町
味噌蔵町
兼六元町
材木町
裁判所
P.48-49
百万石通
北園地
横山児童公園
1
4 6
兼六園下･金沢城
(石川門向い)
11
兼六園下
兼六園下
兼六小
横山町
児童公園
石川門
兼六園下･金沢城(白鳥路前)
9
敬愛病院
兼六園下･金沢城
(観光物産館前)
石川県観光物産館 P.111
賢坂辻
13
横山町
桂坂口
観光案内所
12
小将町
兼六坂
小将町中
かなざわ玉泉邸 P.41
カメリアイン雪椿
賢坂上
加賀友禅会館 P.111
小将町
法句寺
常福寺
西方寺
徽軫灯籠
霞ヶ池
三芳庵 P.34
10
百万石通
金沢大附特別支援
内橋亭 P.34
上坂口
2
兼六園 P.10,33
時雨亭 P.34
東兼六町
扇町
兼六町
松山寺
P.11,40 成巽閣
鶴林寺
永福寺
伝統産業工芸館
いしかわ生活工芸ミュージアム
21
国立工芸館･県立美術館
兼六園上
金沢医療センター
安樂寺
雲竜寺
金澤神社 P.42
県立美術館･成巽閣
出羽町
7
宝町
県立能楽堂
宝円寺
出羽町
石川護國神社
北陸学院高･中
国立工芸館
本多の森公園
3
P.43
かわ赤レンガミュージアム
石川県立歴史博物館
飛梅･北陸学院前
飛梅町
19
飛梅町
紫錦台中
本多の森ホール
松原病院
加賀本陣博物館
小立野通
金沢くらしの博物館
紫錦台中前
鈴木大拙館 P.41
本多の森ホール
20
石引(4)
10
石引(3)

兼六園～金沢21世紀美術館
広域図 P.5
0 50 100m
P.90
尾山町
商工会議所
金沢城公園 P.10,38
金沢ニューグランドホテル
プレステージ
南町・尾山神社前
尾山神社前
P.11,42 尾山神社
加賀てまり 毬屋 P.107
丸の内
香林坊(2)
二の丸広場
河北門
五十間長屋
三の丸広場
玉泉院丸庭園 P.41
赤羽ホール
尾山
合同庁舎前
玉泉庵 P.41
橋爪門
三十間長屋
P.41 豆皿茶屋
広坂合同庁舎
東横INN
金沢兼六園香林坊
香林坊
(1)
お堀通
金沢市
広坂(2)
丸の内(金沢城玉泉院丸庭園そば)
香林坊
(日銀前)
香林坊
(アトリオ前)
いしかわ四高
記念公園
日本銀行金澤支店
香林坊大和
香林坊・仙石通り
辰巳櫓跡
香林坊
HORITA香林坊大和店 P.44
しいのき緑地
いもり堀
東急スクエア・
日銀前
石川四高
記念文化交流館
[g] ift 金沢広坂店 P.44
しいのき迎賓館
香林坊東急
スクエア
香林坊
香林坊(四高記念館前)
広坂・21世紀美術館
(しいのき迎賓館前)
NOW
P.44
香林坊
広坂・21世紀美術館(しいのき迎賓館向)
木倉町
金沢能楽
美術館
P.44 能作
P.44 TORi
P.44 甘味処 漆の実
広坂・21世紀美術館(真弓坂口)
石浦神社 P.43
広坂・21世紀美術館(石浦神社向い)
広坂・21世紀美術館
(石浦神社前)
金沢市役所
片町
(片町きらら前)
ホテルクラウン
ヒルズ金沢
P.80 いたる 本店
市役所・柿木畠
P.14,15,36
金沢21世紀美術館
片町・タテマチ
金沢教会
カフェレストラン Fusion21 P.37
片町きらら
OMO5 金沢片町
ミュージアムショップ P.37
片町(2)
下柿木畠
P.44 つぼみ
P.43 石川県立美術館
アパホテル〈金沢片町〉EXCELLENT
P.44 LE MUSÉE DE H KANAZAWA
パティオ
柿木畠
アパホテル
〈金沢中央〉
広坂(1)
金沢市
第二庁舎
片町(1)
福祉会館
ふるさと偉人館
旧中村邸
オーバル
里見町
上柿木畠
ふるさと偉人館
歌劇座
本多町
金沢片町
ホテルマイステイズ
大工町
竪町
下本多町六番丁
中村記念美術館
大工町
本多町(金沢歌劇座前)
本多町・歌劇座・鈴木大
池田町
三番丁
油車
本多町(北陸放送前)
タテマチ広場
金沢中署
北陸放送
池田町
四番丁
本多通
茨木町
本多町(3
タテマチ
本多町

こんなところ！　【エリア別】

兼六園
金沢城公園　金沢21世紀美術館

人気3大スポットが集合

金沢を訪ねたらまず足を運びたいのが、兼六園や金沢城公園を中心とするこちらのエリア。海外観光客にも高い人気を誇る金沢21世紀美術館など、金沢を代表する観光スポットがコンパクトに集まる。一つひとつのスポットが広いので、兼六園や金沢城公園はどの入口を利用すれば効率よく移動できるか、地図を見て確かめておこう。園内や美術館内に茶店やカフェがあるので、その場所の雰囲気を楽しみつつ休憩するのもおすすめだ。

モダンアートを体で感じよう〜

兼六園には行ったけど…

【こんな楽しみ方もあります】

近江町市場で食べ歩き

あらゆる食材が集まる近江町市場は、その場で食べられる惣菜や海鮮なども充実。お店の人におすすめを聞きながら、あれこれ楽しもう。

豆皿茶屋で金沢城をひとり占め

金沢城公園内の「鶴の丸休憩館」にある「豆皿茶屋」は、お城側の壁がガラス張り！美しい金沢城を眺めながら、かわいい豆皿に盛られた金沢の銘菓で休憩を。

夜は片町のおでん屋でしっぽり

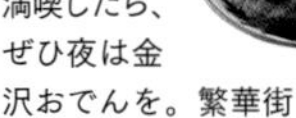

寿司や丼で昼に海鮮を満喫したら、ぜひ夜は金沢おでんを。繁華街・片町には人気店が集まる。

朝活で人気スポットをスムーズに制覇

観光は朝時間の活用がキモ。たとえば兼六園・金沢城公園は7時（3月～10月15日）に開園。開園15分前までは早朝開園（無料）も行うのでチェック！

入口がわかりづらくて…

交通案内

兼六園

金沢城公園直結の桂坂口や、21世紀美術館に近い真弓坂口など入口は7カ所。スムーズに回れるよう注意を。

金沢城公園

公園の入口は5カ所。兼六園との行き来には石川門口が便利。玉泉院丸口から出れば尾山神社がすぐそこに。

見どころが多いエリアだから…

【上手に巡るヒント！】

1 バス一日乗車券を使ってお得に移動

兼六園周辺へのアクセスは、金沢駅を起点とするバスが便利。一部施設の割引特典が付いた1日フリー乗車券もあるので、上手に活用しよう。

2 とにかく歩くので、歩きやすい靴はマスト

休憩も楽しみつつ金沢中を巡ろう！

コンパクトに見どころが集まる金沢。徒歩で移動できるスポットも多いので、歩きやすいスニーカーがベター。

3 大型スポットが多いので、一カ所の時間をたっぷり確保

兼六園や金沢城公園、21世紀美術館などの人気スポットは規模が大きく見応えあり。時間に余裕を持っておこう。

さらに裏ワザ

☑ **花見シーズンには、兼六園への入園料が無料に**

桜の見頃に無料開園を実施。金沢気象台の開花宣言のあと、日程が発表される。

☑ **金沢21世紀美術館の交流ゾーンは、無料で公開！**

交流ゾーンでは無料で作品を公開。美術館のNEWシンボル「まる」など、人気作品がたくさん！

☑ **美術館の観覧券の半券でお得に食事できる！**

21世紀美術館の観覧券の半券を周辺のレストランで見せると飲食が割引になる特典がある！

大人気の撮影スポット！
2 金沢21世紀美術館

公園のような雰囲気に包まれた、開放的な現代美術館。円形の建築は今や金沢のシンボル的存在で、国内外から多くの観光客が訪れている。無料で作品が鑑賞できる交流ゾーンもある。

BEST 絶景

絶景ナビ 金沢21世紀美術館 ▶P.36 鈴木大拙館 ▶P.41
いしかわ赤レンガミュージアム石川県立歴史博物館 ▶P.43
石川県立美術館 ▶P.43

ミシュラン3つ星！ お茶屋もぜひ
1 兼六園

水戸偕楽園、岡山後楽園と並び、日本三名園のひとつに数えられる兼六園。加賀藩の歴代藩主が造営を続け、約180年をかけて今の姿が完成した。桜やカキツバタ、紅葉、雪景色など、四季の美しい表情が楽しめる。

BEST 絶景

絶景ナビ
兼六園 ▶P.32
成巽閣 ▶P.40
金澤神社 ▶P.42

ご注意を

自転車はルールを守ろう
観光地がコンパクトに集まるのでレンタサイクルが便利だが、金沢城公園などは乗り入れできないので要注意。大通りや人が多い場所は周りに気を付けて。

バスの乗り間違いに注意
路線バスや周遊バスなど、金沢市内を走るバスはいくつか種類がある。バスによって使える乗車券も異なるので、自分が利用するバスは覚えておこう。

金沢21世紀美術館の交流ゾーンに気を付けて
恒久作品が無料で鑑賞できる金沢21世紀美術館の交流ゾーン。ただし、大人気「スイミング・プール」の内部は展覧会ゾーンとなっているので注意しよう。

金沢駅
N
0 100m
5
武蔵
近江町市場
359
浅野川大橋
橋場
浅野川
4
尾山神社
3
3つの見どころが集まっています！
金沢城公園
御影大橋
1
2
157
犀川
159
兼六園
犀川大橋
金沢21世紀美術館
石川県立美術館

+αで回りたい！
5 近江町市場

新鮮な海の幸をはじめ、あらゆる地元の食材が集まる市場は、いつも活気に満ちている。おみやげ探しはもちろん、食材を見ながら歩くだけでも楽しい。早朝から営業している食堂や回転寿司もあるので朝食にも。

▶P.86

ライトアップも見事！
4 尾山神社

前田利家公と正室・まつを祀る尾山神社は、和漢洋を折衷した重要文化財の神門が印象的。3層目には五彩のギヤマンが配され、夜に明かりが灯ると、色鮮やかで幻想的な雰囲気に。1層目の3連アーチも特徴的だ。

BEST 絶景

絶景ナビ
尾山神社 ▶P.42

庭園や茶屋も見逃せない！
3 金沢城公園

加賀藩前田家の歴代藩主が居城とした金沢城。建物の多くが火災で焼失したが、菱櫓・五十間長屋・橋爪門続櫓が2001（平成13）年に復元された。その金沢城の姿を眺めながら休憩できる豆皿茶屋もおすすめ。

BEST 絶景

絶景ナビ
金沢城公園 ▶P.38
豆皿茶屋 ▶P.41
かなざわ玉泉邸 ▶P.41

このまま巡れる！歩ける！

加賀百万石の歴史を体感！金沢王道プラン

半日コース

絶景ナビ　金沢駅～金沢城公園～豆皿茶屋～兼六園～成巽閣～金沢21世紀美術館

兼六園に金沢城公園、金沢21世紀美術館と、見応えあるスポットが満載。すべて近くに集っているので、歩いて移動できるのも魅力。

START

8:30 迫力ある鼓門がお出迎え
金沢駅

金沢駅のシンボルといえば、高さ13.7mを誇る迫力の鼓門。伝統芸能の能楽に使われる鼓をモチーフにした門の後ろには、「もてなしドーム」が見える。

▶P.116

徒歩15分

9:00 朝ごはんは地元の海鮮
近江町市場（おうみちょういちば）

海の幸をはじめ、あらゆる地元の食材が集まる近江町市場。海鮮丼が楽しめる食事処や回転寿司店なども多数あり、観光客にも大人気！昼は行列必至の店も朝は比較的スムーズに入れるので、贅沢な朝食を楽しもう。

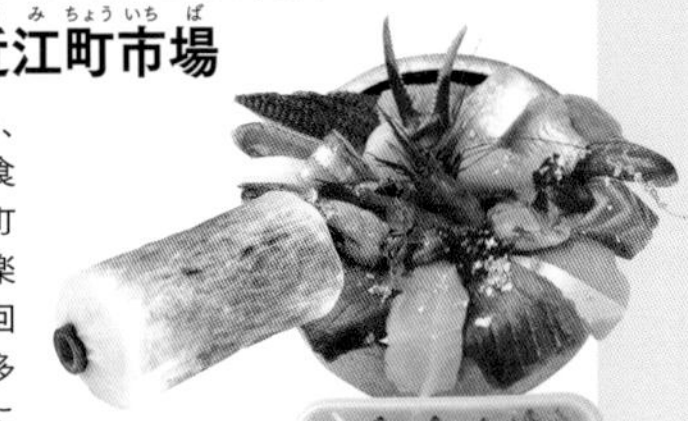

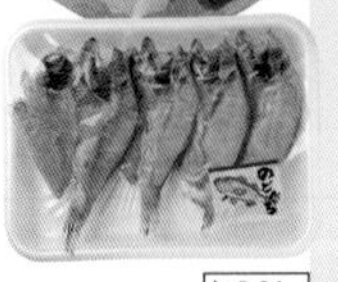

その場で食べられるコロッケや海鮮を買い食いするのも楽しい

▶P.86

徒歩5分

10:00 城下町のシンボルはココ
金沢城公園（かなざわじょう）

加賀藩前田家の歴代藩主が居城とした金沢城。火災などで建造物の多くが失われたが、現在は都市公園として開園し、史実を尊重しながら復元整備している。

▶P.38

徒歩すぐ

11:00 金沢城を眺めてひと休み
豆皿茶屋（まめざらちゃや）

公園内の鶴の丸休憩館にある茶屋で、かわいい豆皿に入った石川の銘菓や銘品などが楽しめる。ガラス張りの店内からは、美しい金沢城を一望できる。

▶P.41

徒歩5分

金沢城公園には出入口が5つ。この後どこに向かうかによって入口を使い分けよう。兼六園へ向かうときには、石川橋を渡る石川門口を利用するのがスムーズ。

徒歩すぐ

12:00 四季折々の美景が広がる
兼六園（けんろくえん）

▶P.32

加賀藩歴代藩主が造営したという兼六園。日本三名園のひとつで、四季の草花や冬の雪吊りなど季節ごとに美しい景観が楽しめる。

徒歩すぐ

街歩きナビ

北陸新幹線の開通で、東京からも最短2時間30分でアクセスが可能になった金沢。始発の新幹線で朝一番に到着したら、まずは近江町市場で腹ごしらえをして観光に出かけよう。

このエリアの目玉である金沢城公園、兼六園、金沢21世紀美術館は一カ所に集中しているので、すべて徒歩での移動が可能。金沢城公園では、石川銘菓などが楽しめる豆皿茶屋もぜひ立ち寄りたい。兼六園、成巽閣、尾山神社と、加賀藩ゆかりのスポットを見学したら、最後は金沢21世紀美術館。館内にはカフェやミュージアムショップもあるので、ランチやおみやげ探しにもおすすめだ。

+1時間過ごすなら

名建築で自分に向き合う
鈴木大拙館

仏教哲学者・鈴木大拙の考えや足跡を伝える。世界的に有名な建築家・谷口吉生によって設計された建物には、来館者自らが思索する「思索空間」も。

絶景ナビ

▶P.41

or

カラフルなギヤマンは必見
尾山神社

前田利家公と正室・まつを祀る神社。重要文化財の神門は、和漢洋を折衷したデザインで、3層目の大きな窓にはカラフルなギヤマンが。夜は明かりが灯り、美しい姿に。

絶景ナビ

▶P.42

or

石川の歴史を楽しく学ぼう
いしかわ赤レンガミュージアム
石川県立歴史博物館

旧陸軍兵器庫の赤レンガ棟を利用した博物館。館内では、ジオラマや大型スクリーンの映像などを使い、石川の歴史や文化をわかりやすく紹介。

絶景ナビ

▶P.43

13:00
女性らしい優美な意匠に注目
成巽閣

加賀藩13代藩主・前田斉泰が母君の隠居所として造営。贅を尽くした美しい意匠が特徴的。2階の「群青の間」は、天井に使われた鮮やかな群青色が目を引く。

絶景ナビ

▶P.40

↓ 徒歩5分

成巽閣の見学後は、緑に囲まれた廣坂を歩いて金沢21世紀美術館へ。美術館まではゆるやかな坂道で、青々と茂る緑が気持ちいい。車も多いので気を付けて。

↓ 徒歩すぐ

14:00
ユニークな現代アートを体感
金沢21世紀美術館

緑に囲まれた美術館は公園のような雰囲気で、円形の建物は街のシンボル的存在。無料で見学できるゾーンもあり、大人も子どもも楽しめる。併設のカフェレストランではランチやスイーツも人気。

絶景ナビ

▶P.36

↓ 徒歩すぐ

GOAL **バス停 広坂・21世紀美術館**

金沢 名所ナビ 絶景

1 絶景ナビ

兼六園周辺

兼六園

MAP P.26D-2 ☎076-234-3800
（石川県金沢城・兼六園管理事務所）

水戸偕楽園、岡山後楽園と並ぶ日本三名園のひとつ。加賀藩5代藩主以降、14代までの歴代藩主によって造営された。庭の中に池を配した廻遊式庭園で、敷地内には多くの樹木を植栽。四季の美しい景色が楽しめる。

所金沢市兼六町1 時7:00～18:00（10月16日～2月末は8:00～17:00）休無休 料320円 交バス停兼六園下・金沢城から徒歩3分 Pなし（近隣の有料駐車場を利用）

加賀藩主が受け継いだ四季折々の美景を堪能

庭園の敷地は東京ドームの2.4倍です！

展望だけじゃない

四季折々の兼六園

春 約400本のソメイヨシノが園内を彩り、観桜期にはライトアップも開催される

夏 新緑が美しい季節。5月にはカキツバタ、6月にはサツキが花を咲かせる

秋 池の水辺で真っ赤に染まったモミジが水面に映り込み鮮やか。散紅葉も美しい

冬 冬の兼六園の代名詞といえる「雪吊り」は必見。椿と雪のコントラストも素敵

しなやかな雪吊りが金沢に冬を告げる

円錐状に
広がる縄は
アートのよう！

1 樹木を雪から守るために行われる雪吊り。毎年11月1日から実施される
2 2月下旬頃から花を咲かせる梅。まだ残る雪の中で鮮やかな色が映える
3 5月中旬頃に満開となるカキツバタ。青々とした葉に紫の可憐な花を咲かせる
4 桜や紅葉など、年に数回ライトアップを開催。冬の雪吊りも幻想的な雰囲気

ベストビューを楽しみながら甘味でほっこり

兼六園内のお茶屋さんでひと休み

❶ 三芳庵（みよしあん）

MAP P.26D-2
☎076-221-0127

兼六園発祥の地と伝わる瓢池畔に立つ。お抹茶(生菓子付き)750円のほか、昼は瓢（ひさご）弁当2200円も。

時10:00～17:00(季節により異なる)※ランチは11:00～14:30 休水曜(予約などにより前後する場合あり)

❷ 時雨亭（しぐれてい）

MAP P.26D-2
☎076-232-8841

古くから兼六園にあった建物を、平成12年に現在の場所に再現。抹茶（上生菓子付き）730円、煎茶（干菓子付き）310円。

時9:00～16:30(最終受付16:00) 休無休

❸ 内橋亭（うちはしてい）

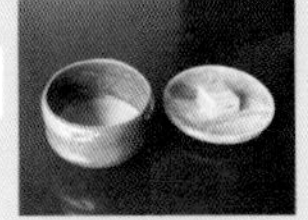

MAP P.26D-2
☎076-262-1539

敷地内のほぼ中央に広がる、霞ヶ池のほとりの食事処。名物のあんころ餅(ほうじ茶付き)400円のほか丼なども揃う。

時9:00～17:00(季節により異なる) 休水曜、不定休

見るべきポイントをチェックしてのんびり散策

季節の美しさを見せる“六勝”

約3万坪の広さを誇る兼六園。美しさのポイントである六勝を巡りながら、のんびり園内を見学しよう。

相反する景観の調和 名園の証“六勝”

「宏大・幽邃・人力・蒼古・水泉・眺望」を意味する「六勝」は、6つの優れた景観を表す。池や橋などの人工物が多い場所(人力)では、昔ながらの趣(蒼古)が乏しくなるなど、本来共存が難しい六勝だが、兼六園はこの6つの景観を兼ね備えていることから、名前の由来になったという。

6 翠滝・瓢池
瓢箪形の池に霞ヶ池から高さ6.6mの翠滝が注ぐ

4 霞ヶ池 徽軫灯籠
約1haある園内最大の池は兼六園のシンボル

9 曲水・花見橋
ゆるやかな曲水に沿って、桜やカキツバタが美しい木橋

5 唐崎松
13代藩主・前田斉泰が種子から育てた松

7 雁行橋
雁が列をなして飛んでいく姿を表現(通行は不可)

8 眺望台
金沢の街並みやその奥に広がる山々の眺望が楽しめる

info 幻想的なライトアップもチェック!

兼六園では、桜や紅葉などに合わせて、季節のライトアップを開催。開催時間中は入園料が無料になるのでHPなどで確認しておこう。

春夏秋冬、それぞれ美しい景色が楽しめる。

難しいことは考えない！アートを体で感じよう

20 絶景ナビ

兼六園周辺

金沢21世紀美術館

MAP P.27C-2 ☎076-220-2800

妹島和世と西沢立衛からなるSANAAが設計した、現代アートの美術館。館内外には個性豊かな恒久作品を展示。多彩なアーティストが登場する企画展も注目。

所金沢市広坂1-2-1 時交流ゾーンは9:00〜22:00（アートライブラリー、ミュージアムショップ、カフェレストランなどの時間はそれぞれ異なる）、展覧会ゾーンは10:00〜18:00（金・土曜は〜20:00）休交流ゾーンは無休、展覧会ゾーンは月曜（祝日の場合はその直後の平日）料交流ゾーンは入館無料、展覧会ゾーンは有料（内容や時期により異なる）交バス停広坂・21世紀美術館からすぐ P地下駐車場322台

アート鑑賞以外にも！ 限定グッズとカフェもチェック

美術館に来たらおみやげはミュージアムグッズに決まり。開放的なカフェもお忘れなく。

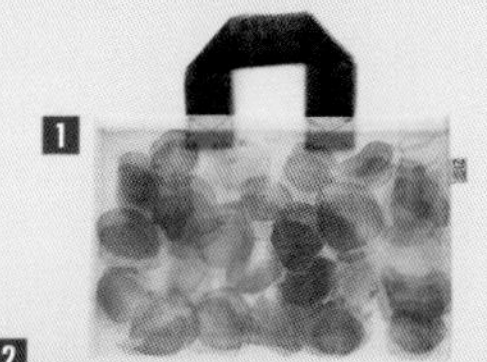

1トートバッグZUROKKING 3300円 2ひびのこづえタオルハンカチ550円 3オリジナルてぬぐい各1100円

ミュージアムショップ
☎ 076-236-6072

展示会カタログや美術館限定グッズのほか、金沢ならではのアイテムも揃う。時10:00～18:30（金・土曜は～20:30）休月曜（祝日の場合は翌平日）

ランチはパレット型のプレートで提供

カフェレストラン Fusion 21（フュージョン にじゅういち）
☎ 076-231-0201

白いモダンな空間で軽食やスイーツを。人気のフュージョンランチは2600円。

時10:00～20:00（フードLO19:00）※ランチは11:00～LO14:00 休月曜（祝日の場合は翌平日）※貸切の場合あり。要問合せ

「カラー・アクティヴィティ・ハウス」オラファー・エリアソン/2010年制作©2010 Olafur Eliasson　撮影：木奥惠三

「スイミング・プール」レアンドロ・エルリッヒ/2004年制作

「アリーナのためのクランクフェルト・ナンバー3」フロリアン・クラール/2004年制作

「まる」妹島和世＋西沢立衛/SANAA/2016年制作

「雲を測る男」ヤン・ファーブル1998年制作

info まるい建物もすてきな作品！

建築コンセプトは「まちに開かれた公園のような美術館」。円形の建物には正面がなく、どの方向からも入場可能。「丸い美術館」から愛称は「まるびぃ」。

建物は総ガラス張り。館内にも無料入場できるスペースが多い

D 菱櫓

二の丸で最も高さがあり、天守閣のない金沢城のシンボル的存在。名前の通り建物は菱形で、さらに柱も菱形というのが大きな特徴。

E 五十間長屋

菱櫓と橋爪門続櫓を結ぶ場所で、武器や什器の保管庫として使われていた。2階に上がると、内部の太い梁や木組みが見学できる。

歴代藩主も愛した美しさ！

3 絶景ナビ

兼六園周辺

金沢城公園

MAP P.27C-1 ☎076-234-3800（石川県金沢城・兼六園管理事務所）

兼六園の隣に位置し、加賀藩前田家の歴代藩主の居城であった。建造物の多くは火災で焼失したが、現存する石川門のほか、跡地に再現された菱櫓や五十間長屋などが見学できる。

所金沢市丸の内1-1 時7:00～18:00(10/16～2月末日は8:00～17:00)、菱櫓・五十間長屋・橋爪門続櫓・橋爪門は9:00～16:30(最終入館16:00) 休無休 料無料(菱櫓・五十間長屋・橋爪門続櫓は320円) 交バス停兼六園下・金沢城から徒歩5分 Pなし(近隣の有料駐車場を利用)

金沢城が伝える加賀の歴史と文化

前田利家が城に入った1583(天正11)年から城造りが始まった金沢城。キリシタン大名の高山右近が築城を指導したという。城の大半を火災で焼失したが、平成13年に菱櫓・五十間長屋・橋爪門続櫓を復元。安政の頃の景観を再現している。

F 橋爪門続櫓

かつて続櫓の中央には大きな吹抜けがあり、そこから物資を2階へ荷揚していたとか

B 橋爪門

城内で最も格式が高いとされた、二の丸の正門

必見！多様な技法の石垣

自然石積み

自然の石や割っただけの石を積み上げる初期の技法

粗加工石積み

形を整えた石を積む技法。城の外周に多用されている

切石積み

整形した石を積み上げる、デザイン性を重視した技法

info 毎週末に開催 園内ライトアップ

金沢城公園では毎週土曜や祝日などの日没～21時にライトアップを開催。園内が夜間開園され、幻想的な城郭建造物の姿が楽しめる。

桜に合わせて4月上旬にもライトアップを実施。

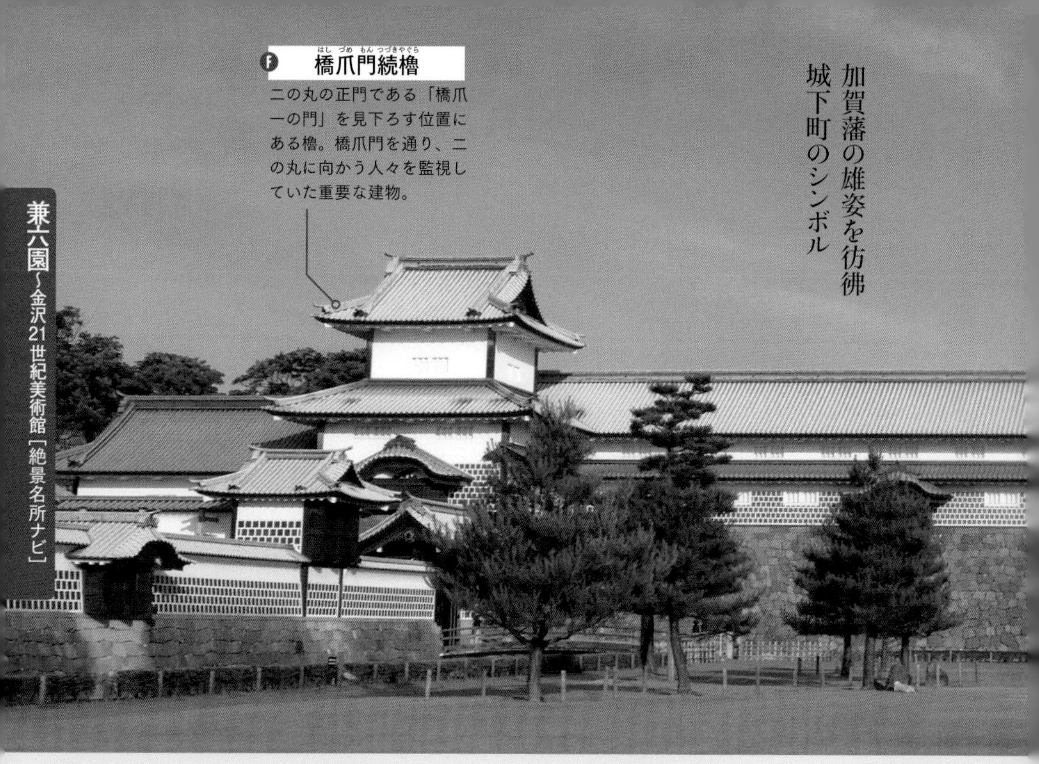

加賀藩の雄姿を彷彿 城下町のシンボル

F 橋爪門続櫓（はしづめもんつづきやぐら）

二の丸の正門である「橋爪一の門」を見下ろす位置にある櫓。橋爪門を通り、二の丸に向かう人々を監視していた重要な建物。

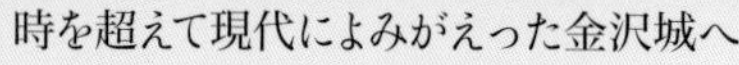

時を超えて現代によみがえった金沢城へ

加賀百万石の歴史に思いを馳せる

美しく整備され、多くの人に親しまれる公園。壮大な建造物を含む、見応えある歴史的空間が広がる。

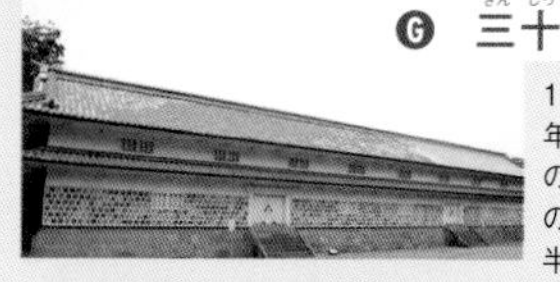

G 三十間長屋（さんじっけんながや）

1858(安政5)年築の2層2階の多門櫓。現在の長さは26間半。重文指定

info 築城年表

1546年	金沢御堂を創建
1583年	前田利家が金沢城入城
1592年	本格的な石垣構築開始
1602年	落雷で天守閣焼失
1759年	金沢大火で全焼
1809年	橋爪門、二ノ丸菱櫓が完成
1858年	三十間長屋が完成
1996年	金沢城公園として整備へ
2010年	いもり堀の復元工事完成
2015年	橋爪門・玉泉院丸庭園復元整備
2020年	鼠多門・鼠多門橋復元

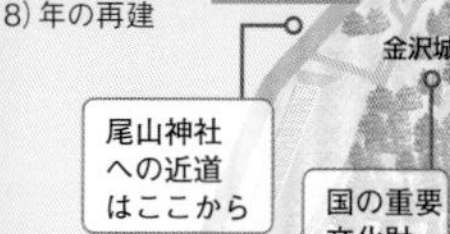

A 石川門（いしかわもん）

城の裏口門で、現在の門は1788(天明8)年の再建

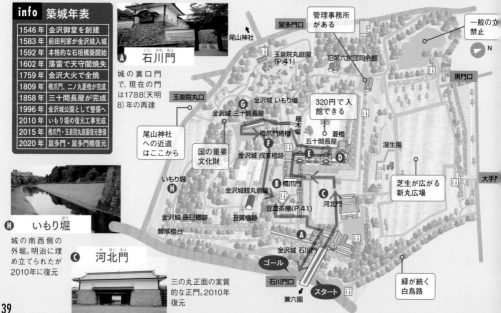

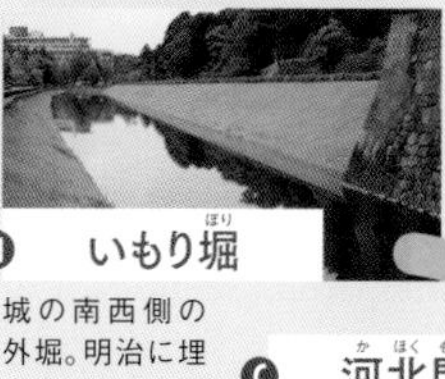

H いもり堀（ぼり）

城の南西側の外堀。明治に埋め立てられたが2010年に復元

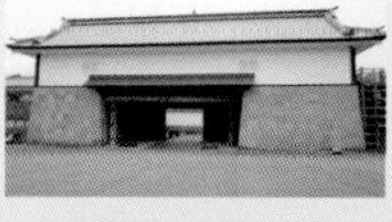

C 河北門（かほくもん）

三の丸正面の実質的な正門。2010年復元

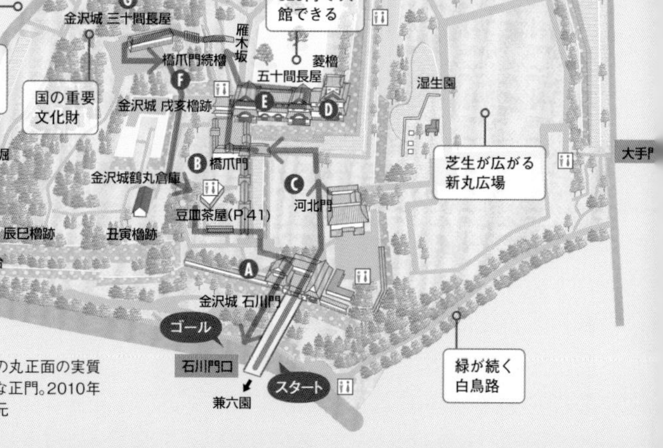

鼠多門口
管理事務所がある
一般の立入禁止
N
尾山神社
玉泉院丸庭園(P.41)
旧第六旅団司令部
黒門口
玉泉院丸口
金沢城 いもり坂
320円で入館できる
金沢城 三十間長屋
雁木坂
尾山神社への近道はここから
橋爪門続櫓
菱櫓
五十間長屋
国の重要文化財
金沢城 戌亥櫓跡
湿生園
いもり堀
橋爪門
芝生が広がる新丸広場
大手門
金沢城鶴丸倉庫
河北門
豆皿茶屋(P.41)
金沢城 辰巳櫓跡
丑寅櫓跡
鯉喉櫓台
金沢城 石川門
ゴール
石川門口
スタート
兼六園
緑が続く白鳥路

心を奪う雅な意匠と女性らしい彩色

4 絶景ナビ

兼六園周辺

成巽閣

MAP P.26D-2 ☎076-221-0580

13代藩主・前田斉泰が12代の正室（母君）のために造営。極彩色の欄間や鮮やかな色壁など、女性らしさあふれる雅な意匠を楽しみたい。

所金沢市兼六町1-2 時9:00～17:00 休水曜 料700円（特別展は別料金） 交バス停県立美術館・成巽閣からすぐ P7台

1折上天井に群青(ウルトラマリンブルー)を用いた「群青の間」 2壁紙には金や雲母で文様が施されている 3柱が1本もなく、20mの縁側が続く開放的な「つくしの縁庭園」 4公式の御対面所であった「謁見の間」。極彩色で彩られた、一枚板の透かし彫り欄間がすばらしい

5 絶景ナビ　兼六園周辺

かなざわ玉泉邸

MAP P.26D-2 ☎076-256-1542

2代藩主夫人・玉泉院に由来する「玉泉園」を眺めて、季節の料理を。庭園は、江戸初期に前田家の重臣・脇田家が約100年を費やし完成させた。

所金沢市小将町8-3 時12:00～14:30、18:00～22:00 休月曜(祝日の場合は営業) 交バス停兼六園下・金沢城から徒歩3分 P10台

7 絶景ナビ　兼六園周辺

鈴木大拙館

MAP P.26D-3 ☎076-221-8011

金沢出身の仏教哲学者・鈴木大拙の考えや足跡を紹介。建築家・谷口吉生氏によって設計された建物には、自分と向き合う思索空間も。

所金沢市本多町3-4-20 時9:30～17:00(最終入館16:30) 休月曜(祝日の場合は翌平日)、展示替え期間 料310円 交バス停本多町から徒歩4分 Pなし

6 絶景ナビ　兼六園周辺

豆皿茶屋

MAP P.27C-1 ☎076-232-1877

ガラス張りの店内から金沢城が望める。石川の銘品・銘菓を豆皿に盛った殿皿御膳(飲み物付き)2600円。3皿の鶴の丸御膳1500円も。

所金沢市兼六町1-1 金沢城公園内 時11:00～16:00 休無休 交バス停兼六園下・金沢城から徒歩3分 Pなし(近隣の有料駐車場を利用)

玉泉院丸庭園を眺めながらほっとひと息

玉泉庵

MAP P.27B-1
☎076-221-5008

庭園を望む休憩処。抹茶(上生菓子付き)730円。

時9:00～16:30(最終受付16:00) 休無休

8 絶景ナビ　兼六園周辺

玉泉院丸庭園

MAP P.27B-1 ☎076-234-3800

3代藩主・前田利常から作庭が始まり、廃藩時にも存在したと伝わる。立体的な造形が特徴で、歴代藩主が愛でた姿が平成27年に再現された。

所金沢城公園内 時10月16日～2月末は8:00～17:00、3月1日～10月15日は7:00～18:00 休無休 交バス停南町から尾山神社経由で徒歩5分 Pなし(近隣の有料駐車場を利用)

夜を彩る
鮮やかなギヤマン

9 絶景ナビ

兼六園周辺

尾山神社

MAP P.27B-1 ☎076-231-7210

前田利家公と正室・まつを祀る神社で、1873(明治6)年に創建された。和風と洋風をミックスさせた神門の最上階に輝くギヤマンが特徴。

所金沢市尾山町11-1 時 休 料参拝自由(社務所は9:00〜17:00) 交バス停南町・尾山神社前から徒歩3分 P15台

10 絶景ナビ

兼六園周辺

金澤神社

MAP P.26D-3 ☎076-261-0502

1794(寛政6)年、11代藩主・前田治脩が藩校の鎮守社として創建。学問の神である菅原道真公や、金運・災難除の神である白蛇龍神を祀る。

所金沢市兼六町1-3 時 休 料参拝自由 交バス停広坂・21世紀美術館から徒歩5分 Pなし

info 学業成就のご利益も?

御祭神は前田家の先祖であり、学問の神として信仰される菅原道真公。多くの受験生が訪れる。

シーズンの境内は合格祈願の絵馬がぎっしり

観光前にちょっとおさらい
加賀百万石をつくり上げた前田家って?

初代当主・利家以降、代々藩主は徳川将軍家との関係を深め、百万石の大藩を形成。その経済力で華やかな文化をつくり上げた。ゆかりのスポットも点在。

金沢城公園

加賀藩前田家の居城・金沢城の跡地に広がる。復元された城郭が見事。

▶P.38

兼六園

5代藩主・前田綱紀が作庭し、代々藩主が手を加えて完成したとされる。

▶P.32

成巽閣

13代藩主・前田斉泰が母君の隠居所として造営。色鮮やかな意匠が特徴的。

▶P.40

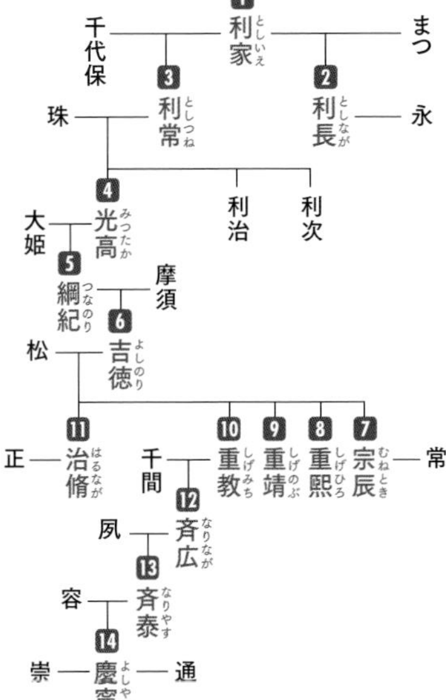

絶景ナビ

11 石浦神社(いしうらじんじゃ)

兼六園周辺

MAP P.27C-2 ☎076-231-3314

2200年前に草創されたと伝わる金沢最古の神社で、歴代藩主の崇敬を受けた。厄除け、金運、縁結びなどのご利益があり、水玉のお守りも人気。

所金沢市本多町3-1-30 時 休 料参拝自由(社務所は9:00〜17:00) 交バス停広坂・21世紀美術館からすぐ P10台

絶景ナビ

12 いしかわ赤(あか)レンガミュージアム 石川県立歴史博物館(いしかわけんりつれきしはくぶつかん)

兼六園周辺

MAP P.26D-3 ☎076-262-3236

ジオラマや映像、パネルなどを使って、石川の歴史・文化をわかりやすく紹介。陸軍兵器庫として使用された赤レンガの建物にも注目したい。

所金沢市出羽町3-1 時9:00〜17:00(展示室は最終入室16:30) 休展示替え・整理期間 料常設展300円 交バス停出羽町から徒歩5分 P45台(無料)

絶景ナビ

13 石川県立美術館(いしかわけんりつびじゅつかん)

兼六園周辺

MAP P.27C-3 ☎076-231-7580

野々村仁清作の国宝「色絵雉香炉」(常設)をはじめ、絵画や彫刻、工芸など、古美術から現代まで、石川県が誇る美術工芸品の数々を展示。

所金沢市出羽町2-1 時9:30〜18:00(最終入館17:30) 休展示替え期間 料コレクション展370円 交バス停広坂・21世紀美術館から徒歩5分 P60台

つぼみ

MAP P.27B-3 ☎ 076-232-3388

老舗料亭が手掛ける店で、本わらびや本葛など厳選素材を使った甘味を提供。季節限定のかき氷が大人気。

所金沢市柿木畠3-1 時11:00～18:00 休水曜 交バス停香林坊から徒歩3分 Pなし

NOW（ナウ）

MAP P.27B-2 ☎076-225-7475

北欧を中心に買い付けたヴィンテージ家具を取り扱う。ビル１～６階にショップ、メンテナンスフロア、倉庫を併設。

所金沢市広坂1-1-51 時13:00～17:00（土・日曜、祝日は11:00～）休月・火曜 交バス停香林坊から徒歩2分 Pなし

TORi（トリ）

MAP P.27C-2

☎076-225-7475

北欧家具を扱うNOWのショールーム兼ギャラリー。不定期で企画展なども開催している。

所金沢市広坂1-2-32 北山堂ビル1F 時予約制 休不定休 交バス停香林坊から徒歩5分 Pなし

HORITA香林坊大和店（ほりたこうりんぼうだいわてん）

MAP P.27A-2

☎ 076-220-1146

老舗百貨店の地下にある、高級フルーツと石川県産野菜の専門店。旬の果物を丸ごと搾るフレッシュジュースは散策のお供に最適。

所金沢市香林坊1-1-1 時10:00～19:30 休施設に準ずる 交バス停香林坊からすぐ P近隣の有料駐車場を利用

[g] ift（ギフト） 金沢広坂店（かなざわひろさかてん）

MAP P.27B-2

☎076-222-2126

北陸３県（石川・福井・富山）の魅力を発信するショップ。パッケージも魅力的な菓子や雑貨などが充実。

所金沢市広坂1-2-18 時10:00～18:00 休月曜（祝日の場合は翌平日）交バス停広坂・21世紀美術館から徒歩2分 Pなし

能作（のさく）

MAP P.27B-2

☎076-263-8121

金沢漆器や輪島塗など、石川県内の漆器を豊富に揃える。作家作品から、食卓で気軽に使える器まで多彩。

所金沢市広坂1-1-60 時10:00～19:00 休水曜 交バス停香林坊から徒歩3分 P2台

かなざわはこまち

MAP P.49B-2

☎076-225-8600

「美」「食」「健康」「おもてなし」をキーワードにした複合施設。レストランやギフトショップなどが入る。

所金沢市袋町1-1 時10:00～20:00 休不定休 交バス停武蔵ヶ辻・近江町市場からすぐ P23台

黒門小路（くろもんこうじ）

MAP P.49B-2

☎076-260-2455

菓子や食品、地酒、工芸品など、北陸のさまざまな銘品を取り揃えたセレクトショップ。

所金沢市武蔵町15-1 金沢エムザ内 時10:00～19:00 休不定休 交バス停武蔵ヶ辻・近江町市場からすぐ P620台

LE MUSÉE DE H KANAZAWA（ル ミュゼ ドゥ アッシュ カナザワ）

MAP P.27C-3

☎076-204-6100

パティシエ辻口博啓氏が手掛ける。能登や金沢の天然素材にこだわった美しい生菓子や焼菓子がズラリ。

所金沢市出羽町2-1 石川県立美術館内 時9:30～18:00（LO17:00）休不定休 交バス停広坂・21世紀美術館から徒歩6分 P60台

甘味処 漆の実（かんみどころ うるしのみ）

MAP P.27B-2

☎076-263-8121

漆器を扱う「能作」のカフェ。美しい漆器に盛られた抹茶クリームぜんざい840円などがいただける。

所金沢市広坂1-1-60 時11:00～LO18:15 休水曜 交バス停香林坊から徒歩3分 P2台

九谷焼

140年以上受け継がれる技と革新的なデザイン

石川県南部を中心に生産されている色絵磁器・九谷焼（くたにやき）。鮮やかな色合いと豪快な筆使いが特徴で、加賀料理とのつながりも深く、石川が誇る伝統工芸として受け継がれている。

九谷焼の始まりは今から360年以上前。百万石という膨大な領土を手中に収めた加賀藩第3代藩主・前田利常は、京都や江戸から蒔絵や金工の名工などを呼び寄せ、百万石美術工芸の基礎をつくったといわれている。

上出長右衛門窯は、明治12年（1879）に創業。代々の伝統を守り、昔ながらの手仕事で割烹食器を中心に酒器や茶器などを手掛ける。深く鮮やかな藍色の染付と九谷古来の五彩（青、黄、紫、紺青、赤）を施すことで、古典的な中にも、新しさを感じられる作品を作り続けている。

近年は伝統的な作品だけでなく、海外のアーティストとのコラボ、6代目による新しいデザインの製品開発や企画により、若い世代にも九谷焼の魅力を伝えている。

湯呑 笛吹シリーズ
（木箱は別売）
6600円
60年以上描き続けている伝統的な柄を現代風にアレンジ。ファンの多いロングセラー商品

醤油差し（受皿付）鳥型 花
3万6300円
スペインのアーティスト・ハイメ・アジョンとのコラボ商品。デザイン性の高い醤油差し

ちょうえもん招猫 鈴鳴り果物
各1万1550円
細かいパーツまで一つずつ手を加えた招き猫。振ると鈴がカラカラと鳴るのが特徴

【工程】

1 **成形**
熟練の職人が自由自在に生地を成形。使う道具から手作り

←

2 **施釉**
焼き上げたときに、薄い硝子の膜を張るように、釉薬をかける

←

3 **絵付け**
高い集中力が必要。商品によって、筆や絵具を使い分ける

購入は直営店で

能美市

上出長右衛門窯（かみでちょうえもんがま）

MAP P.4D-3 ☎0761-57-3344

所 能美市吉光町ホ65 時 ショールーム10:00～17:00（工場見学は1週間前に要予約）休 第2・4土曜（変則的）、日曜、祝日 交 金沢駅から車で40分 P 10台

歴史 ×物語

history & story

金沢をつくり上げた前田家の歴史

百万石の富を築いた 加賀藩前田家十四代の盛栄

長きにわたって百万石の大藩を維持し、現在へ受け継がれる雅な文化を誕生させた加賀藩。その歴史を訪ねてみよう。

利家とまつから始まる前田家の歴史

天文15（1546）年、現在の金沢城の前身である尾山御坊が建てられた。ここが加賀一向一揆の拠点となったが、織田信長は柴田勝家に御坊を制圧させると、御坊跡に金沢城を築き、佐久間盛政を入城させた。しかし賤ヶ岳の戦いで盛政が討たれると、豊臣秀吉から加賀40万石を与えられた前田利家が入城。1583（天正11）年、ついに加賀藩の歴史が動き出した。利家は、正室まつと二人三脚で城の整備を進め、加賀百万石の礎を形成。その後、関ヶ原の戦いで小松城主の丹羽軍を撃破した2代利長は、加賀・越中・能登の3か国を賜り、120万石の大名に。加賀藩は日本最大の藩となった。3代利常は財政改革や農政改革を実施し、財政の安定を実現。文芸や美術に造詣が深い5代綱紀は、現在につながる華やかな加賀文化の土台を築いた。

延宝年間金沢城下図（金沢市立玉川図書館近世史料館蔵）

お堀が水濠に前田家の用水政策

金沢の町に張り巡らされている用水は、前田家によって整備された。1631（寛永8）年の大火で金沢城が焼失したことをきっかけに整備された辰巳用水は、現在も兼六園周辺を流れている。

金沢の水不足を補うために整備された辰巳用水。今も碑が残る

現代にも伝わる伝統工芸の成立

加賀藩主が振興に尽力した伝統工芸。武器修理の工房で工芸品の制作を行ったり、京都から名工を招いたり、藩の主要産業として工芸文化を発展させた。幕府に敵意がないことを示す意図があったともいわれる。

加賀料理の発展も支えた九谷焼は金沢を代表する伝統工芸のひとつ

「ひがし」と「にし」の茶屋街の誕生

12代斉広の時代、城下の遊郭では犯罪が多発。そこで斉広は1820（文政3）年に遊郭を公認。「ひがし」「にし」の街区に分け、茶屋の営業を取り締まるように。2つの茶屋街が誕生した。

賑わっている様子を描く東新地絵図（金沢市立玉川図書館近世史料館蔵）

加賀藩年表

1488年	加賀一向一揆が起こる
1583年	前田利家が金沢城に入城
1598年	前田利長が2代目藩主となる。関ヶ原の戦いの功で120万石の大名に
1600年	まつが徳川家の人質として江戸へ
1631年	寛永の大火
1632年	板屋兵四郎が辰巳用水を完成
1820年	ひがし茶屋街、にし茶屋街の成立
1867年	大政奉還
1868年	王政復古の大号令

AREA GUIDE

ひがし茶屋街(ちゃやがい)

主計町茶屋街(かずえまちちゃやがい)

周辺スポットからのアクセス

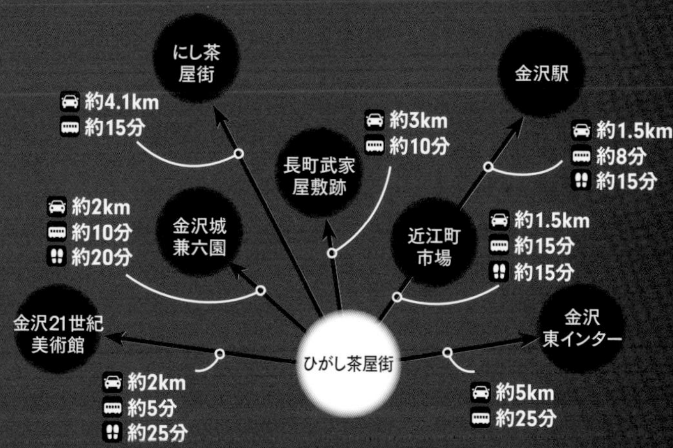

ひがし茶屋街~主計町茶屋街
広域図 P.5
0 50 100m
P.64 豆月
吉はし菓子店（豆半）P.108
P.62 金沢市指定文化財 お茶屋美術館
高木糀商店 P.112
箔座稽古処 P.63
箔座ひかり藏 P.59
ひがし茶屋街 金澤ぷりん本舗
Cafe たもん P.59
茶屋美人 P.59
一笑 P.64
ひがしやま酒楽 P.64
久連波 P.59,106
福光屋ひがし P.59
山乃尾 P.69
懐華樓 P.56,63
RITSUKA P.24
鮨みつ川 P.70
東山和今 P.64
押寿し体験厨房金澤寿し P.63
金澤東山しつらえ P.57
茶房 やなぎ庵 P.58
P.59 Gallery&Shop 金澤美藏
P.64 sayuu
P.63,111 かなざわ 美かざり あさの
P.8,54 ひがし茶屋街
P.57 志摩
P.64 浅の川 吉久
P.114 天野茶店
P.64 金澤パフェむらはた
P.61 中の橋
P.60 Bar 長屋
P.71 鮨木場谷
P.64 ORIENTAL BREWING 東山店
主計町 鮨 むかい川 P.71
鮨処あさの川 P.71
P.60 主計町お料理 いち凛
P.61 暗がり坂
P.61 明り坂
主計町茶屋街
P.64 多華味屋
浅野川大橋 P.61
福嶋 P.59 三絃店
P.83,109 きんつば 中田屋
東山茶屋街店（甘味処 和味）
P.60 上林金沢茶舗 金沢本店
P.63 八百萬本舗 本店 P.60
P.64 泉鏡花記念館
四知堂kanazawa P.85
P.82 菓舗 Kazu Nakashima
P.62 金沢文芸館
大樋美術館 P.58
P.58 森八 金沢菓子木型美術館
小橋お多福 P.79
東山(1)
東山(2)
東山(3)
森山(1)
子来町
観音町
並木町
橋場町
尾張町(1)
下新町
大手町
材木町
兼六元町
小橋町
金沢市
浅野川
東インター大通
城北大通
百万石通
お堀通
鏡花のみち
妙応寺
玄門寺
即願寺
實相寺
慈雲寺 P.83
宇多須神社
浄西寺
久保市乙剣宮
浅野川神社
善福寺
了願寺
馬場児童公園
馬場小
金箔工芸館
徳田秋聲記念館
金城楼
寺島蔵人邸跡
シティモンド金沢
大手町病院
検察庁
裁判所
金沢白鳥路 ホテル 山楽
主計町緑水苑
彦三緑地
泉鏡花記念館
自由軒
ひがし茶屋街
梅ノ橋
天神橋
浅野川大橋
小橋
森山一丁目
東山三丁目
東山
彦三北
彦三町1丁目
橋場町（ひがし・主計町茶屋街）
橋場町（金城樓向い）
橋場町（金城樓前）
主計町
尾張町
大手門前
白鳥路
兼六元町
並木町
大手堀
大手町
味噌蔵町
橋場
の丸北園地
D
E
F
1
2
3

A
B
C
1
2
3
此花町
光教寺
明成小
笠市町
瓢箪町
別院通り口
別院通り
謎屋珈琲店 P.85
安江町北
東別院表参道口
明成小学校前
彦三町
リファーレ
リファーレ
国際交流センター
みやび・る金沢
真宗大谷派
金沢別院
本町（1）
彦三町（2）
西門口前
発心寺
西福寺
東別院
彦三町（1
自細八郎兵衛商店 P.107
百万石うどん 近江町店 P.86
豆腐家 二六 P.86
岩内蒲鉾店 P.86
ダイヤモンドLII店 近江町コロッケ P.86
大口水産 P.87
舟楽 近江町本店 P.87
逸味潮屋 近江町いちば店 P.87
白銀町
むさし西
collabon P.115
安江町
ホテルフォルツァ金沢
応照寺
黒門小路 P.44
RESTY
武蔵ヶ辻・近江町市場（金澤表参道口）
袋町
袋町
かなざわはこまち P.44
空潮/空汐 P.85
近江町市場
尾張町
玉川町
ANAホリデイ・イン金沢スカイ
武蔵
金沢エムザ
加賀麩不室屋 尾張町店 P.10
いきいき亭 近江町店 P.75
近江町市場 P.86
博労町
町民文化館
武蔵町
P.72,86 もりもり寿し 近江町店
P.66 中島めんや
近江町いちば館
下近江町
武蔵南
旬彩和食 口福 P.75
武蔵ヶ辻・近江町市場（金沢エムザ 黒門小路前）
武蔵ヶ辻・近江町市場（いちば館前）
上近江町
町民文化館
刺身屋 P.80
下堤町
じもの亭 P.75
玉川図書館
下堤町
井ノ弥 P.74,86
ザ・スクエアホテル金沢
ホテルパシフィック金沢
十間町
近世史料館前
ホテルリソル トリニティ金沢
近江町市場 海鮮丼 魚旨 P.75
アルトラ P.104
十間町
松ヶ枝緑地
天然温泉 加賀の宝泉 御宿 野乃 金沢
博労町
西町四番丁
上堤町
西町三番丁
市立図書館
尾崎神社
旧高峰家
KKRホテル金
玉川公園
大手堀
トリフォート ホテル&ポッド 金沢百万石
黒門
大手堀
高岡町
ホテルインターゲート金沢
大谷廟所
南町
大
新丸広場
大友楼 P.68
P.26-27
南町・尾山神社
尾山町
商工会議所
金沢ニューグランドホテルプレミア
丸の内
文化ホール
49

こんなところ！【エリア別】

ひがし茶屋街 主計町茶屋街

五感を楽しませてくれる街

旅の王道スポットといえば、ひがし茶屋街は外せない。江戸時代のお茶屋を当時のまま残した歴史的建造物が多く、周辺一帯には茶屋建築を生かしたカフェやみやげ屋もたくさんあり、じっくり楽しめるエリアだ。また、大樋美術館や泉鏡花記念館など金沢の文化や芸術に触れられるスポットも点在。主計町茶屋街はBARも多いので、夜まで楽しく過ごせる。

どんな観光がおすすめ？

【こんな楽しみ方もあります】

茶屋文化を楽しむ

茶屋街の中には「志摩」「懐華楼」と、有料で一般公開されているお茶屋さんが2軒あり、一見さんお断りとされてきたお茶屋文化を肌で感じることができる。

粋な着物で散策

金沢駅周辺や茶屋街付近には着物レンタルショップが数多くあり、街歩き用の着物レンタルが気軽にできる。中には加賀友禅を体験できるお店もあるので、情緒ある城下町を着物に着替えて歩いてみては？

今も残る茶屋建築

石畳の道の両側にお茶屋が並ぶ、江戸時代の雰囲気をそのまま残したひがし茶屋街。２階の建ちを高くして座敷を設けた「茶屋建築」を見ることができ、美しい出格子の家並みが続く。

人力車もあります

茶屋街の周辺では人力車にも乗ることができ、ここを拠点にその他の周辺観光地への移動もラクラク！ガイドブックにあまり載っていないようなスポットなども案内してくれるので、より金沢の魅力を体感できる。

公共交通機関が便利

【交通案内】

バス

城下まち金沢周遊バスは、市内の主な観光スポットを巡る循環バス。右回りと左回りがあり、各々約15分間隔で運行されている。

レンタサイクル

ちょっと距離のあるスポット同士は「まちのり」が便利！クレジットカードがあれば50ヵ所のサイクルポートで利用登録でき、自由に自転車を借りたり返したりできる。金沢駅近くやひがし茶屋街、近江町市場の近くにもポートがあるので、見かけたらぜひトライしてみて！

見どころが多いエリアだから…

【上手に巡るヒント！】

1 時間帯をずらして混雑を避けよう

観光客に大変人気のあるひがし茶屋街は、夕方4時頃に行けば混雑はひと段落。ただ、夜の営業を行っていないお店は17時頃になると終い始めることが多いので気を付けて！

2 路上での食べ歩きを規制

ひがし茶屋街では景観保護のため、路上での食べ歩きや飲み歩きが規制されている。よく紹介されているソフトクリームなども、店内にイートインスペースがあれば、その場で食べていくのがベター。屋外でもベンチのある休憩スポットなら飲食可能。

3 金沢駅へ戻るバスは本数が多く便利

金沢駅方面へ向かう帰りのバス停は、浅野川大橋を渡って橋場交差点を兼六園方向に直進した「料亭金城楼」の向かいに、「城下まち金沢周遊バス 左回り橋場町（金城樓向い）バス停」がある。このバス停には、周遊バスのほかにも一般路線のバスが毎時7本以上停まるので、帰りのバス待ちの行列が解消した。

さらに裏ワザ

☑金沢ライトアップバスで夜景観光

土曜の夜を中心に、金沢駅東口発着で運行中！主なライトアップスポットの最寄りのバス停を約43分で巡るので、途中下車しながらナイトクルーズを楽しもう。

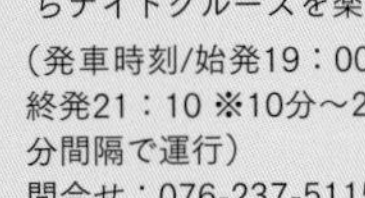

（発車時刻/始発19：00、終発21：10 ※10分～20分間隔で運行）
問合せ：076-237-5115
（北陸鉄道テレホンサービスセンター）

金沢を代表する観光地

1 ひがし茶屋街

格子戸に大戸、江戸時代は珍しかった2階造りなど、現在の茶屋街にも当時の面影を見ることができる。通りを巡るだけでなく、ちょっと歴史や茶屋建築のことについても知っておくと、そぞろ歩きがぐっと奥深いものとなる。

絶景ナビ ひがし茶屋街 ▶P.54
懐華楼 ▶P.56

ご注意を

茶屋街周辺にはコンビニエンスストアがない

茶屋街から少し離れた場所にしかコンビニがないので、必要なものは武蔵エリアや金沢駅周辺で購入しておくのがよい。

駐車場も少なく道も狭いので、レンタカーは注意！

周辺には大型駐車場がないため、金沢駅からバスやレンタサイクルなどを利用するほうが便利。ひがし茶屋街や主計町茶屋街の中は、道路も非常に狭いので運転には注意！

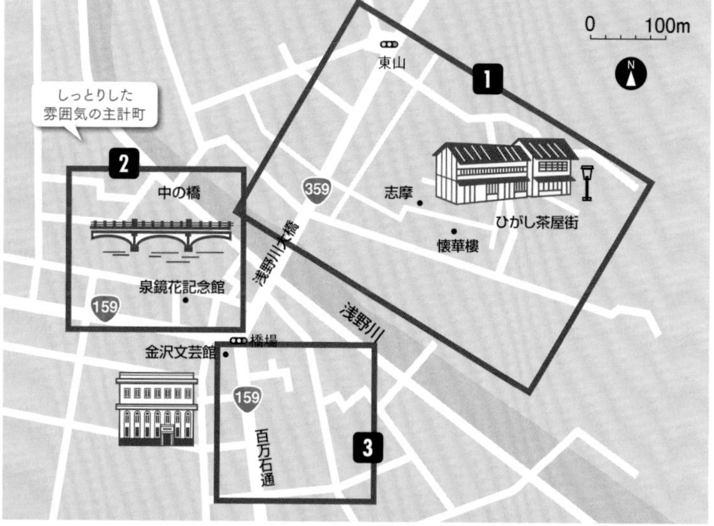

金沢の近代文化に触れられる

3 橋場町周辺

主計町茶屋街のすぐそばにあり、レトロなビルや文豪の記念館などが点在するスポット。金沢文芸館や柳宗理記念デザイン研究所、森八金沢菓子木型美術館、大樋美術館、金沢蓄音器館など、文化や芸術に触れながら歩いてみるのも楽しい。

絶景ナビ 森八 金沢菓子木型美術館 ▶P.58
大樋美術館 ▶P.58

風情を感じながら街歩き

2 主計町茶屋街

ひがし茶屋街から徒歩5分のところにあって、城下町らしい街並みを色濃く残す主計町茶屋街。金沢の女川と呼ばれている浅野川のせせらぎを聞きながら、のんびり町歩きを楽しんでみては？風情たっぷりのフォトスポットも多数！

絶景ナビ 暗がり坂 ▶P.61
中の橋 ▶P.61

このまま巡れる！歩ける！

情緒あふれる茶屋建築を巡る金沢の王道コース

1日コース

ひがし茶屋街～主計町茶屋街

浅野川に沿い、浅野川大橋を挟んで2つの茶屋街がある。格式ある店舗はもちろん金沢らしいショップも多く、心躍る散策に。

START

JR金沢駅

↓ バスで約10分

10:00 上流階級だけが通った茶屋街
ひがし茶屋街(ちゃやがい)

美しい出格子の茶屋建築が並ぶ雅な街で、着物姿で訪れる観光客も多い。食べ歩き禁止区域なので、ちょっとした買い食いは店内か軒先、近くの広場などで味わおう。

▶P.54

↓ 徒歩すぐ

10:30 雅な茶屋文化を見て触れて
懐華樓(かいかろう)

昼は見学やカフェなどで一般公開、夜は一見さんお断りを通し、今なお一客一亭の華やかな座敷が上げられている。朱や紺青の壁や調度品などを配した座敷はどこを見ても美しい。金沢の茶屋建築をじっくり堪能しよう。

▶P.56

贅をつくした黄金の茶室も必見！

↓ 徒歩3分

11:30 江戸時代の姿をそのままに
志摩(しま)

文政3年に建てられて以来、手を加えることなく現存する貴重な茶屋建築で国指定重要文化財。2階の客間には控えの間が設けられ、芸妓の舞や遊興が披露される。

▶P.57

↓ 徒歩2分

12:30 ゆるキャラモチーフのお気軽スイーツ
多華味屋(たかみや)

石川県のキャラクターをかたどったひゃくまん焼きは、見た目もかわいく気軽に食べられる。あんこ、カスタードクリーム、豆腐レアチーズのほか、季節限定の味も。

▶P.64

中にはカフェスペースも

↓ 徒歩2分

14:00 金沢の美意識に触れて
かなざわ 美(び)かざりあさの

九谷焼や加賀友禅、金沢箔、加賀繍、桐工芸など石川の伝統工芸の中でも、現代的な作家作品が並ぶ。日常使いできるアイテムが多く、金箔箔貼り体験も可能。

▶P.63,111

↓ 徒歩3分

15:00 受け継がれる金沢箔の美
箔座(はくざ)ひかり藏(ぐら)

オリジナルの金箔をはじめ、さまざまな箔の奥深い魅力を、器やアクセサリー、雑貨で表現。店舗奥の中庭に立つ「黄金の蔵」は、息をのむ迫力と美しさだ。

▶P.59

金箔を使ったアクセサリーも豊富！

↓ 徒歩10分

ⓘ街歩きナビ

金沢を代表する観光スポット、ひがし茶屋街と主計町茶屋街は、駐車場が少ないエリアだが、近江町市場から徒歩圏なので、近江町市場からひがし茶屋街の間にある駐車場に停めて歩いて行ってもいい。

ひがし茶屋街は街並みを見て回るだけなら30分、店や施設をじっくり巡るなら2〜3時間は見たほうがいいだろう。茶屋街は浅野川沿いにあるので、メインストリートから路地、川岸、橋まで幅広く散策ができる。日暮れを迎えると人通りが減るが、軒灯が灯った街並みは幽玄の美しさ。三味線や太鼓など金沢芸妓が奏でる雅な音色がこぼれ聴こえることも。

+1時間過ごすなら

春は桜が咲き誇る花見スポット

浅野川（あさのがわ）

平成13年に浅野川大橋が国の登録有形文化財となった浅野川。どことなく繊細な情緒があり別名「女川」と呼ばれ、界隈に金沢らしい風流を漂わせている。

or

千数百点もの菓子木型が集まる

森八 金沢菓子木型美術館（もりはち かなざわかしきがたびじゅつかん）

絶景ナビ

最高級の落雁「長生殿」を手掛ける老舗和菓子屋「森八」で、江戸時代から使われてきた菓子木型などを一堂に。ぐるりと囲むような展示は壮麗ですばらしい。

▶P.58

or

金沢クラフトビールで乾杯!

ORIENTAL BREWING 東山店（オリエンタル ブルーイング ひがしやまてん）

金沢のクラフトビール醸造所の直営店。湯涌ゆずや加賀棒茶など、北陸の味とコラボした新感覚クラフトビールも展開。できたてのビールとともに、焼きたてのピザも味わおう。

▶P.64

16:00 粋で静かな街をそぞろ歩き

主計町茶屋街（かずえまちちゃやがい）

絶景ナビ

江戸時代、加賀藩士・富田主計の屋敷があったことから主計町と呼ばれる。金沢三文豪・泉鏡花の作品にも登場し、格式ある料亭や茶屋が並ぶ。夏には川床も。

▶P.60

↓ 徒歩すぐ

18:00 金沢の町屋でいただく絶品鮨

主計町 鮨 むかい川（かずえまち すし むかいがわ）

北陸の豊かな海の幸を大切に、洗練された鮨を楽しめる。昼、夜ともにおまかせのコースのみ。カウンター席もあるが、浅野川を眺められるテーブル席もオツ。

▶P.71

↓ 徒歩すぐ

19:30 日常と非日常をつなぐ坂

暗がり坂（くらがりざか）

絶景ナビ

日中も日が当たらない暗い坂で、別名「暗闇坂」とも。神社と茶屋街をつなぐふた曲がりした坂は人目を避けられるためか、往時はここを通って旦那衆が茶屋街に通ったとも。足元に注意しながら散策しよう。

▶P.61

↓ 徒歩2分

GOAL バス停 橋場町

金沢名所ナビ 絶景

加賀藩の認可を受けた、粋な茶屋街へ

絶景ナビ 1

ひがし茶屋街

ひがし茶屋街

MAP P.48F-2 ☎076-232-5555
(金沢市観光協会)

江戸時代、藩公認の茶屋街として造られ、往時の風情を今に伝える金沢の茶屋街のひとつ。日暮れには軒灯が灯り、三味線や太鼓の音が聴こえてくる。五感に響く美と文化に酔いしれ、そぞろ歩こう。

所金沢市東山界隈 交バス停橋場町からすぐ P市営観光駐車場利用(有料)

見どころがいっぱい！
ひがし茶屋街のいろはを知る

格子戸に大戸、当時は珍しかった2階造りなど、現在の茶屋街にも昔の面影を見ることができるので、通りを巡るだけでなく、歴史や茶屋建築のことについてもちょっとだけ知っておこう。

ひがし茶屋街の歴史

1820年、加賀藩公許を得て「ひがし」と「にし」に創設されたのが始まり。多くの茶屋が軒を並べ、上流階級の社交場になった

芸妓さんのおけいこ場

芸妓の取次などの事務所として、明治時代に設置された「検番」。現在は芸妓の稽古場として使用されている

茶屋建築のしつらえ拝見！

金沢の茶屋建築は通りに面して1階に出格子を構え、2階が客間となっている。室内は遊芸を楽しむため開放的な造りだ

茶屋街を見渡す穴場スポット

宇多須神社脇の坂道（子来坂）の途中にある宝泉寺の境内からひがし茶屋街や金沢市街を一望でき、芥川龍之介も絶賛した

夕刻の茶屋街はさらに情緒たっぷり

春は桜、冬は雪など四季の自然が街を彩る

2 絶景ナビ

ひがし茶屋街

懐華楼（かいかろう）

MAP P.48F-2 ☎076-253-0591

金沢で一番大きな茶屋建築で、約200年前の趣を残した装飾が特徴的。夜は一見さんお断りで一客一亭のお座敷が上げられている。

所金沢市東山1-14-8 時10：00〜17：00（予約状況により変更あり）休水曜（営業日は要確認）料750円（入館＋お抹茶セット付1400円）交バス停橋場町から徒歩5分 Pなし

光り輝く金箔畳が敷かれた黄金の茶室

華やかな世界をのぞき見！

贅をつくした、金沢最大級のお茶屋建築を楽しむ

見どころがいっぱいの懐華楼で、歴史あるお茶屋文化を体感！

朱塗りの階段

全面漆塗りの階段が、非日常的な世界へと誘ってくれる

芸妓さんのうちわ

ひがしの芸妓さんの名前がずらりと並ぶ

朱の間

朱色の壁が印象的な、歴史を感じることができる優雅なお座敷

黄金くずきり

カフェでは、金箔を使った贅沢なくずきりなどが味わえる

info 併設の茶室「寒村庵」で、心静かなひととき

1階、奥棟にある茶室では、庭を眺めながら抹茶と金沢の和菓子をいただける。(生菓子付700円)

絶景ナビ 3 ひがし茶屋街

志摩

MAP P.48F-2 ☎076-252-5675

藩政時代のままに残るお茶屋の建物。内部は漆仕上げで、客間は弁柄の土壁など、優美で繊細な造りになっている。国指定重要文化財。

所金沢市東山1-13-21 時9：30～17：30(12～2月は～17:00) 休無休 料500円 交バス停橋場町から徒歩5分 Pなし

絶景ナビ 4 ひがし茶屋街

金澤東山しつらえ

MAP P.48F-2 ☎076-251-8899

200年の歴史を持つ茶屋建築のギャラリー。北陸の工芸品のセレクトショップとなっており、若手から重鎮までさまざまな作家の名品が揃う。

所金沢市東山1-13-24 時9：00～18：00 休木曜 料無料 交バス停橋場町から徒歩5分 Pなし

茶屋街の中心である広見に面している。しなやかに立つ柳が印象的だ

info 宝石のようなスイーツを味わう

いちごやシャインマスカットなど季節のフルーツをあしらったグラススイーツ(1800円)は絶品。

5 絶景ナビ 森八 金沢菓子木型美術館

主計町茶屋街

MAP P.48E-3 ☎076-262-6251

390有余年の歴史を持つ老舗和菓子店「森八」の、芸術的な和菓子の木型を集めた美術館。約1000点にも及ぶ木型を一堂に展示する。

所金沢市大手町10-15 2F 時9：00～17：00 休無休 料200円 交バス停橋場町から徒歩3分 P13台

info プラスαでもっと金沢菓子木型美術館を楽しむ！

落雁づくり体験

綺麗な木型と和三盆を使った落雁を、自分で作ると感動。1650円。

限定！貴船のお弁当

予約すれば、主計町「貴船」の特製弁当がいただける！4400円

7 絶景ナビ 大樋美術館

主計町茶屋街

MAP P.48E-3 ☎076-221-2397

初代長左衛門から11代までの大樋焼作品を展示。大樋焼は、ロクロを一切使わず、手で捻り、飴釉を使用するのが特徴。

所金沢市橋場町2-17 時9：00～17：00 休無休 料700円 交バス停橋場町からすぐ P1台

併設のギャラリーや茶室「年々庵」は隈研吾氏が設計

6 絶景ナビ 茶房 やなぎ庵

ひがし茶屋街

MAP P.48F-2 ☎076-251-8899

金箔店・箔一が手掛けるカフェで、見返り柳を借景にスイーツを堪能。老舗茶舗の上質な抹茶に濃厚マスカルポーネと生クリームを合わせた抹茶づくし（1600円）が人気。

所金沢市東山1-13-24 時9:00～18:00 休木曜 交バス停橋場町から徒歩5分 Pなし

新旧問わず魅力あふれるお店が目白押し！

ひがし茶屋街 ぶらぶらお散歩コース

風情ある茶屋街をゆるりと歩く

藩政期から今に伝わる金沢の茶屋街。石畳の道に目の細かな出格子の店が立ち並び、まるでタイムスリップしたかのような風情ある街並みだ。華やかさと静穏さをあわせ持つこの街は、普段着もいいが和装がとても似合う。大きな道、細い道、橋を含む川沿いの道…道ごとに異なる雰囲気を五感で楽しみつつ、お気に入りの店を訪ね歩こう。

浅野川大橋
浅野川
ひがし茶屋街
宇多須神社
0 600m

Ⓐ Cafe(カフェ) たもん

ふわふわ食感の米粉パンケーキが自慢の、町屋を改装したパンケーキカフェ。

MAP P.48F-2 ☎076-255-0370
所金沢市東山1-27-7 時9：00～17：00 休無休
交バス停橋場町から徒歩5分 Pなし

Ⓑ 茶屋美人(ちゃやびじん)

金箔を使ったオリジナル化粧品など、さまざまな美を集めたショップ。

MAP P.48F-2 ☎076-253-8883
所金沢市東山1-26-17 時9：30～18：00（冬季は～17：30）休無休 交バス停橋場町から徒歩5分 Pなし

Ⓔ 福光屋(ふくみつや)ひがし

Barコーナーでは純米酒の飲み比べができる

金沢の酒蔵が米醗酵文化から生まれる魅力を発信。

MAP P.48F-2
☎076-251-5205
所金沢市東山1-14-9
時10：00～18：00
休無休 交バス停橋場町から徒歩5分 Pなし

Ⓓ Gallery&Shop(ギャラリー アンド ショップ) 金澤美蔵(かなざわみくら)

センスと技術が光る北陸の逸品をセレクト。

MAP P.48F-2
☎076-282-9909
所金沢市東山1-13-7 時11:00～16:00（日曜、祝日は10:30～17:00）休不定休 交バス停橋場町から徒歩5分 Pなし

Ⓒ 久連波(くれは)

金沢の茶席で愛される「吉はし」の菓子を抹茶とともに。

MAP P.48F-2
☎076-253-9080
所金沢市東山1-24-3
時10：00～18：00 休水曜 交バス停橋場町から徒歩5分 Pなし

Ⓕ 箔座(はくざ)ひかり蔵(ぐら)

蔵全体に金箔を施した豪華な「黄金の蔵」は必見。

MAP P.48F-2
☎076-251-8930
所金沢市東山1-13-18
時9：30～18：00（冬季は～17：30）休無休
交バス停橋場町から徒歩5分 Pなし

Ⓖ 福嶋三絃店(ふくしまさんげんてん)

明治時代から続く三味線の専門店。2階では実際に三味線を弾く体験ができる。

MAP P.48E-2 ☎076-252-3703
所金沢市観音町1-1-6 時三味線体験13：00～16：00 休日曜、祝日、第2・4土曜 料500円（抹茶付き）交バス停橋場町からすぐ Pなし

浅野川に面して佇む
文豪と縁ある茶屋街

8 絶景ナビ

主計町茶屋街

主計町茶屋街

MAP P.48E-2 ☎076-220-2194

料亭や茶屋が立ち並ぶ石畳の茶屋街では、夕暮れ時に三味線の音が聴こえることも。歴史のある建物が往時の繁栄を伝えてくれる。

所金沢市主計町 交バス停橋場町からすぐ P東山観光駐車場あり

重要伝統的建造物群保存地区にも指定されている

立ち寄りガイド あわせて訪れたい主計町の名店

上林金沢茶舗 金沢本店

MAP P.48D-2 ☎076-231-0390

併設の喫茶コーナーでは、自慢の棒茶や抹茶、和紅茶などがスイーツとともに楽しめる。

所金沢市下新町1-7 時9:30～17:30（LO16:00） 休第3日曜日（連休の場合は営業） 交バス停尾張町から徒歩3分 P2台

主計町お料理 いち凛

MAP P.48E-2 ☎076-208-3703

町家を改装した日本料理店。旬の食材づくしの華やかないち凛弁当が人気。

所金沢市主計町2-6 時11:30～13:30、17:00～22:30（土・日曜、祝日のランチは11:00～、13:00～の二部制） 休月曜、火曜ランチ 交バス停橋場町から徒歩2分 Pなし

Bar 長屋

MAP P.48D-2 ☎076-233-3113

彦三緑地に隣接した町家造りの隠れ家的Bar。名物の牛すじどんぶりは絶品！

所金沢市彦三1-8-26 2F 時18：00～ 休無休 交バス停橋場町から徒歩4分 P2台

愛読者カード

本のタイトル

お買い求めになった動機は何ですか？（複数回答可）

1．タイトルにひかれて　2．デザインが気に入ったから
3．内容が良さそうだから　4．人にすすめられて
5．新聞・雑誌の広告で（掲載紙誌名　）
6．その他（　）

表紙　1．良い　2．ふつう　3．良くない
定価　1．安い　2．ふつう　3．高い

最近関心を持っていること、お読みになりたい本は？

本書に対するご意見・ご感想をお聞かせください

ご感想を広告等、書籍のPRに使わせていただいてもよろしいですか？

1．実名で可　2．匿名で可　3．不可

ご協力ありがとうございました。
尚、ご提供いただきました情報は、個人情報を含まない統計的な資料の作成等に使用します。その他の利用について詳しくは、当社ホームページ https://publications.asahi.com/company/privacy/ をご覧下さい。

郵便はがき

おそれいりますが
切手をお貼り
下さい

1 0 4 - 8 0 1 1

東京都中央区築地
5-3-2

株式会社
朝日新聞出版
生活・文化編集部 行

ご住所　〒		
電話　(　　　)		
ふりがな お名前		
Eメールアドレス		
ご職業	年齢　歳	性別

このたびは本書をご購読いただきありがとうございます。
今後の企画の参考にさせていただきますので、ご記入のうえ、ご返送下さい。
お送りいただいた方の中から抽選で毎月10名様に図書カードを差し上げます。
当選の発表は、発送をもってかえさせていただきます。

絶景ナビ

9 暗がり坂

主計町茶屋街

MAP P.48D-2

久保市乙剣宮より主計町に通じる小路で、昼でもほの暗い。旦那衆が人目を避けて茶屋街へ通うため、この坂を使っていたとも。

所金沢市主計町 交バス停橋場町から徒歩3分

泉鏡花も通った？ 主計町の路地と坂

「暗がり坂」は、上は久保市乙剣宮、その向かいは文豪・泉鏡花の生家があった場所。鏡花が子どもの頃、この坂を通って学校に通ったといわれており、彼の作品内にも登場する。

絶景ナビ

11 中の橋

主計町茶屋街

MAP P.48D-2

浅野川に架かる白木造りの歩行者専用橋で、擬宝珠付きの欄干と桁隠しが特徴。左岸側の主計町茶屋街と相まって、情緒ある光景だ。

所金沢市主計町 交バス停橋場町から徒歩4分

絶景ナビ

12 浅野川大橋

主計町茶屋街

MAP P.48E-2 ☎076-220-2194（金沢市観光政策課）

1594年、加賀藩が北国街道を通すために架けたのが始まり。アーチ部分は大正時代に建設され、今も古き良き時代の面影を残して美しい。

所金沢市橋場町 交バス停橋場町からすぐ

絶景ナビ

10 明り坂

主計町茶屋街

MAP P.48E-2

「暗がり坂」に平行する坂で長い間無名の坂だったが、作家・五木寛之氏が命名。ゆるく弧を描く石段の坂道から、住民の息吹が感じられる。

所金沢市主計町 交バス停橋場町から徒歩3分

文政3年に創立された、歴史的にも貴重なお茶屋さん

絶景ナビ 13

ひがし茶屋街

金沢市指定文化財 お茶屋美術館

MAP P.48F-2 ☎076-252-0887

茶屋建築がそのまま残る美術館。座敷の壁は弁柄の朱色や鮮やかな群青色に塗られており、金沢の茶屋文化の華やかさがうかがえる。

所金沢市東山1-13-7 時9：30～16：30 休木曜 料500円 交バス停橋場町から徒歩5分 Pなし

櫛やかんざし、加賀蒔絵を施した道具類も展示

絶景ナビ 14

主計町茶屋街

金沢文芸館

MAP P.48E-2

☎076-263-2444

昭和4年建築の銀行の社屋を、文芸活動の拠点として活用。洋風な外観の中に五木寛之氏ら金沢ゆかりの作家の作品を展示。

所金沢市尾張町1-7-10 時10：00～18：00(最終入館17：30) 休火曜(祝日の場合はその直後の平日)、展示替え期間 料100円 交バス停橋場町からすぐ Pなし

ひゃくまんさんと
一緒に撮影
できます！

絶景ナビ

主計町茶屋街

15 八百萬本舗 本店

MAP P.48E-2 ☎076-213-5148

元金物店だった町家を改装。ポップな九谷焼や、ひゃくまんさんグッズが並ぶブースもある。2階座敷には大きな「ひゃくまんさん」が鎮座。

所金沢市尾張町2-14-20 時10:00～18:00 休不定休 交バス停橋場町からすぐ Pなし

info ここでしか手に入らない人気みやげ！

ひゃくまんさんをモチーフにしたさまざまなグッズが並ぶ。

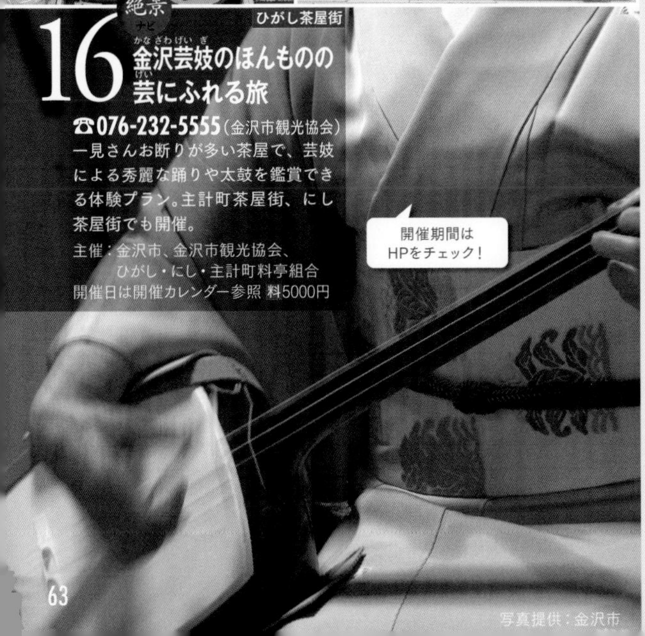

絶景ナビ

ひがし茶屋街

16 金沢芸妓のほんものの芸にふれる旅

☎076-232-5555（金沢市観光協会）

一見さんお断りが多い茶屋で、芸妓による秀麗な踊りや太鼓を鑑賞できる体験プラン。主計町茶屋街、にし茶屋街でも開催。

主催：金沢市、金沢市観光協会、
ひがし・にし・主計町料亭組合
開催日は開催カレンダー参照 料5000円

開催期間は
HPをチェック！

金沢の文化をアレコレ体験してみよう！

さまざまな文化が根づいた金沢ならではの、とっておきな体験が勢揃い。どれもひがし茶屋街のエリアでできるので、観光とあわせていかが？

金箔はり体験

お皿や手鏡などのアイテムに金箔のデザインシールをはり、オリジナルの金箔雑貨を作ろう。

かなざわ 美かざり あさの

MAP P.48F-2 ☎076-251-8911

所金沢市東山1-8-3 時10：00～最終受付15：00（ショップは9：00～18：00）休火曜（祝日の場合は営業）料1200円～ 交バス停橋場町から徒歩5分 Pなし

風情ある茶屋建築の中で楽しむ箔押し体験。極薄の金箔をはる瞬間は思わず息を詰める。

箔座稽古処

MAP P.48F-2 ☎076-252-3641

所金沢市東山1-13-18 箔座ひかり蔵内 時10:00～16:30（前日までに要予約）休火・水曜 料1540円～ 交バス停橋場町から徒歩5分 Pなし

押寿し体験

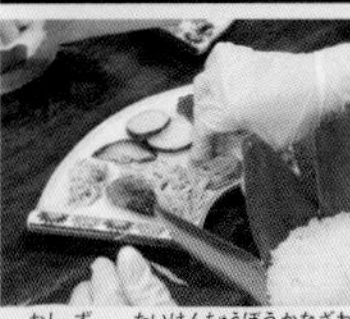

ハレの料理である伝統の押寿しをつくりながら、金沢ならではの食文化に触れてみよう。

押寿し体験厨房金澤寿し

MAP P.48F-2 ☎076-251-8869

所金沢市東山1-15-6 時11：00～15：00 休水曜 料2750円～ 交バス停橋場町から徒歩5分 Pなし

芸妓うちわ作り体験

涼しく上品な芸妓の高級うちわを、自分の名前で作る風流な体験をしてみよう。

懐華樓

MAP P.48F-2 ☎076-253-0591

所金沢市東山1-14-8 時10：00～17：00 休水曜（営業日は要確認）料5800円（要予約。抹茶・見学付）交バス停橋場町から徒歩5分 Pなし

写真提供：金沢市

ひがし茶屋街周辺

立ち寄りガイド

浅の川 吉久

MAP P.48E-2 ☎076-213-2222

水引を使ったハンドメイドアクセサリーを販売。流行を取り入れつつも飽きのこないデザインは普段使いに最適。

所金沢市東山1-4-42 時10:00～17:00 休不定休 交バス停橋場町から徒歩3分 Pなし

泉鏡花記念館

MAP P.48D-2 ☎076-222-1025

金沢三文豪の一人、泉鏡花の記念館で、鏡花本や自筆資料など約2000点を所蔵。作品をはじめ彼の生涯や美意識にも触れられる。

所金沢市下新町2-3 時9:30～17:00(最終入館16:30) 休火曜(祝日の場合は翌平日)、展示替え期間 料310円 交バス停橋場町から徒歩3分 P4台(金沢蓄音器館との共同駐車場)

ORIENTAL BREWING 東山店

MAP P.48E-2
☎076-255-6378

自家醸造のクラフトビールとピザがおいしいビアパブ。加賀棒茶のスタウトなどご当地を感じる味をぜひ。

所金沢市東山3-2-22 時11:00～21:00 休無休 交バス停橋場町からすぐ Pなし

多華味屋

MAP P.48E-2
☎076-208-3345

町家をリノベしたカフェ。石川県のゆるキャラ・ひゃくまんさんをモチーフにしたひゃくまん焼き220円～が人気。

所金沢市観音町1-1-2 時11:00～17:00(土・日曜、祝日は10:30～) 休火・水曜 交バス停橋場町からすぐ

一笑

MAP P.48F-2
☎076-251-0108

日本茶の名店・丸八製茶場が、選りすぐりのほうじ茶と甘味でもてなす。ギャラリーやコワーキングスペースも併設。

所金沢市東山1-26-13 時12:00～17:00 休月・火曜(祝日の場合は水曜) 交バス停橋場町から徒歩5分 Pなし

東山和今

MAP P.48F-2
☎076-252-6657

美しいくずし割烹が人気の予約制の日本料理店。

所金沢市観音町1-5-8 薪の音 金澤1F 時昼は8～10名の貸切のみ、12時開始。夜は10名限定、18時開始 休日・月曜 交バス停橋場町から徒歩3分 Pなし

豆月

MAP P.48F-1
☎076-256-0465

良質な国内産の豆にこだわり、祖母譲りの製法で時間をかけて炊き上げた「四色豆しるこ」は、滋味深く、豆本来のおいしさが楽しめる。

所金沢市東山2-3-21 時11:00～18:00 休水・木曜 交バス停東山から徒歩3分 P1台

sayuu

MAP P.48F-2
☎076-255-0183

彫金師が手掛けるジュエリーやカトラリーなどが揃う。静謐な空間で彫金の奥深さに触れ、一生使えるお気に入りの一品を見つけよう。

所金沢市東山1-8-18 時11:00～16:00 休水曜 交バス停橋場町から徒歩5分 Pなし

金澤パフェむらはた

MAP P.48E-2
☎076-225-8099

老舗フルーツ専門店が手掛けるパーラー。プロが目利きした季節のフルーツを、宝石箱のようなパフェで味わおう。

所金沢市東山3-2-18 味の十字屋本店2F 時10:00～18:00(LO17:30) 休不定休 交バス停橋場町から徒歩2分 Pなし

ひがしやま酒楽

MAP P.48F-2
☎076-251-1139

120種類以上の豊富な石川の地酒が揃う、立ち飲みも可能な石川地酒専門銘店。地酒に合う肴を探しながら飲み比べると楽しい。

所金沢市東山1-25-5 時10:00～17:00 休不定休 交バス停橋場町から徒歩5分 Pなし

金沢の技 名物名品 

落雁

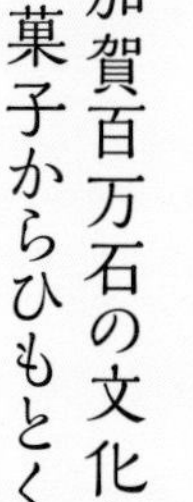

加賀百万石の文化を菓子からひもとく

いろど里（いろどり）
落雁や琥珀糖・雲平など、材料や風味で季節の彩りを表現した干菓子の詰合せ。見ているだけでも心が躍る

室町時代に日本で盛んになった茶道。同時に落雁をはじめとする菓子文化も国内に広がっていった。

和菓子の中でも落雁は、ひと際品格がある菓子のひとつで、茶会や祝い事はもちろん、社寺で神仏にも献じられてきた。特に加賀藩では茶道が奨励されていたこともあって、菓子作りの技術が洗練され、落雁ひとつとっても菓子屋ごとの個性とこだわりが感じられる。米などの穀物の粉に、和三盆などを混ぜてこね合わせ、木型で押し固めたものを乾燥させて作る落雁は、口の中に入れるとほんのり甘く、ほろほろととけていく。

季節の花や松竹梅・扇など縁起の良いモチーフや、現代風のおしゃれなデザインもあって、菓子職人はもちろん、木型を彫って作る職人の技術と美意識が込められている。歴史とともに育まれてきた菓子は、これからも多くの人に親しまれ続けることだろう。

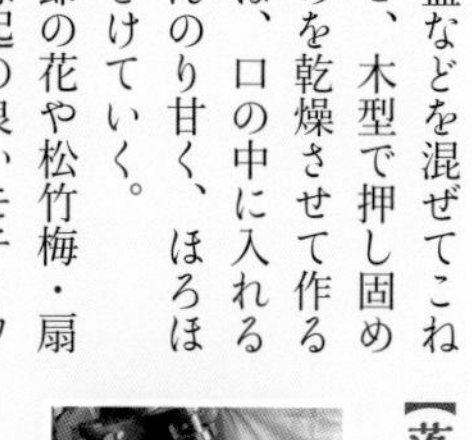

【落雁作りの工程】

1 **生地作り**
和三盆や寒梅粉を混ぜ、その日の湿度に合わせて水分を調節

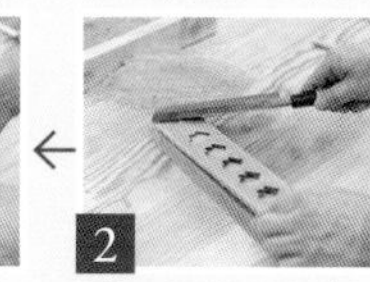

2 **成形**
生地を木型に詰め、包丁や指を使って成形していく

3 **型抜き**
型から静かに外し、1時間ほど乾燥させてできあがり

おみやげで買いたい落雁スイーツ

今昔（いにしえ）
小箱（32個入）1188円～
金沢の風情を落雁で表現した、季節ごとに表情を変えるお菓子

濃茶楽雁
（15個入り）1944円
加賀藩への献上抹茶を使った、粒餡との組み合わせが絶妙な一品

購入は専門店で
野町
落雁 諸江屋（らくがん もろえや）
MAP P.90A-3 ☎076-245-2854
所金沢市野町1-3-59 時9：00～18：00
休木曜 交バス停野町広小路から徒歩3分
P3台

旅 ×物語

travel & story

縁起物を贈る、金沢ならではの風習

“はちまんさん”の愛称で親しまれる 郷土玩具、加賀八幡起上り

やわらかな笑みをたたえ、ころんとした赤い姿の人形「加賀八幡起上り」。金沢の縁起物として長く親しまれてきた。

祈りを込めて作られたかわいい姿の郷土玩具

加賀八幡起上りの由来は八幡信仰につながっており、昔、加賀の地に一国一社の八幡宮（今の安江八幡宮）が鎮座していた頃に始まる。安江八幡宮の御祭神・応神天皇が生まれた際に、深紅の真綿で包まれてお顔だけ出した姿だったそうで、安江八幡宮の氏子であった翁が、願い事が叶ったお礼にとその姿を人形に写して子どもの幸せを願い、毎年お正月に献じたのが始まりといわれている。以来、工芸を重んじた加賀藩の政策により細工所が設けられ、人形作りの技術が今日まで大切に伝えられてきた。地元では加賀八幡起上りは“はちまんさん”の愛称で親しまれており、金沢市の希少伝統工芸にも指定されている。

作家の個性も感じる“はちまんさん”の世界

「はちまんさん」は、この地方では縁起物として子どもの誕生や婚礼の祝いに贈る習わしがある。「起き上がる」という言葉を持つことから、病気平癒や社業繁栄・商売繁盛のお守りとする人も多いのだ。だるま状の型に和紙を張り、胡粉、朱色を塗って、その上に松竹梅を描く。豊かな表情からも作家の個性が感じられる。金沢に訪れたら、お気に入りの“はちまんさん”を探してみるのも旅の楽しみのひとつだ。

マイはちまんさん作りに挑戦！

好きな表情や模様で、オリジナルのはちまんさんが描ける絵付け体験。自分の顔に似せると愛着もひとしお！（所要時間約30分、体験料880円）

中島（なかしま）めんや

MAP P.49B-2
☎076-232-1818
所金沢市青草町88 近江町いちば館地下 時9：00～18：00 休火曜（祝日の場合は営業） 交バス停武蔵ヶ辻・近江町市場からすぐ

集めてカワイイ! はちまんさんグッズ

はちまんさんモチーフのお守り 各800円/安江八幡宮

福徳せんべい(土人形入) 1個346円 ※期間限定/落雁 諸江屋(→P.65)

愛らしい表情のひめだるまカード 2枚組550円/岩本清商店

起き上がりストラップ大770円 /中島めんや

GOURMET
GUIDE

金沢で
食べる

加賀料理

名物のワケ

海の幸・山の幸に恵まれた石川県。豊かな食材と東西の食文化が融合した加賀料理は、加賀百万石の歴史や美意識が息づく、金沢グルメの神髄。

金沢を代表する郷土料理

前田家3代利常の頃から加賀藩の御膳所御料理方を務め、代々前田家の儀式料理を受け継いできた店。司馬遼太郎など多くの文豪たちをも魅了してきた郷土料理が、築150年を超える客室で味わえる。

付出し

吸物

刺身

鯛の唐蒸し

八寸

はす蒸し

治部煮

酢の物

お昼の会席コース
8223円～（サ込）

「鯛の唐蒸し」は、鯛の中に銀杏・きくらげ・おからなどを詰めた独特な加賀料理のひとつ

兼六園周辺

大友楼

MAP P.49B-3 ☎076-221-0305

所 金沢市尾山町2-27 時 11:30～14:00、17:30～21:00（要予約） 休 水曜 交 バス停南町・尾山神社からすぐ P なし

明治期の邸宅で上質なもてなし

築100年以上の歴史ある建物を利用した名料亭。金沢随一の美しい庭園を眺めながらいただくのは、芸術品のような加賀料理。器や掛け軸など、洗練されたしつらえにも注目したい。

堂々とした店構え。店内のすべての個室から庭を眺めることができる

昼のコース
9405円(サ込)
全7〜8品のラインナップ。〆に提供されるできたてのくずきりも人気だ

にし茶屋街

料亭 穂濤

MAP P.90B-3 ☎076-243-2288

所金沢市清川町3-11 時11:30〜14:30、17:30〜22:00 休不定休 交バス停片町から徒歩7分 P20台

創業宝暦2年 奥深い金沢の味

江戸時代から連綿と続く老舗料亭で味わえるのは、鯛の唐蒸しや治部煮、はす蒸しなど加賀伝統料理の会席。風雅なしつらえの中で、旬の食材のおいしさを際立たせた金沢の美味に胸を高鳴らせて。

伊藤博文や横山大観など多くの重鎮・文人墨客が訪れたという歴史ある名料亭

夜会席
2万7500円
鮮やかな色合いの食材をふんだんに使用した料理が並ぶ夜の会席

にし茶屋街

つば甚

MAP P.90B-3
☎076-241-2181

所金沢市寺町5-1-8 時11:00〜14:00、17:00〜21:00 休水曜 交バス停広小路から徒歩2分 P10台

食通も愛した滋味深い治部煮

ひがし茶屋街の高台に立つ明治時代からの料理旅館で、食通で知られる北大路魯山人にも愛された。加賀料理を代表する治部煮を中心に、加賀野菜など旬の食材が盛り込まれた治部煮御膳は、目にも鮮やか。

治部煮御膳
5000円
季節感あふれる彩り豊かな前菜と、治部煮、釜炊きご飯などが付く

苔が美しい1000坪の庭園を望める部屋が揃う。東茶屋街を見渡せる離れも

ひがし茶屋街

山乃尾

MAP P.48F-2
☎076-252-5171

所金沢市東山1-31-25 時11:30〜14:00、17:00〜21:00(要予約) 休不定休 交バス停東山から徒歩5分 P7台

加賀料理のいろは

加賀野菜や鮮魚など、金沢の食材を使ったもてなしの郷土料理。九谷焼や漆器など、豪華な器が使われるのも特徴。

▶治部煮
鴨肉(鶏肉)と野菜を甘辛い味付けに仕上げた椀物

▶かぶら寿司
かぶらにブリや人参を挟み、麹で漬けたなれずし

▶はす蒸し
すりおろした蓮根を固めて蒸し、あんをかけた料理

食べる金沢[加賀料理]

寿司

名物のワケ

日本海の幸はもちろん、各地の名店で腕を磨いた職人も集まり、全国トップレベルの寿司が味わえる金沢。遠方からわざわざ通う人が多いのも納得。

金沢伝統の大樋焼のまな板皿で提供する握り

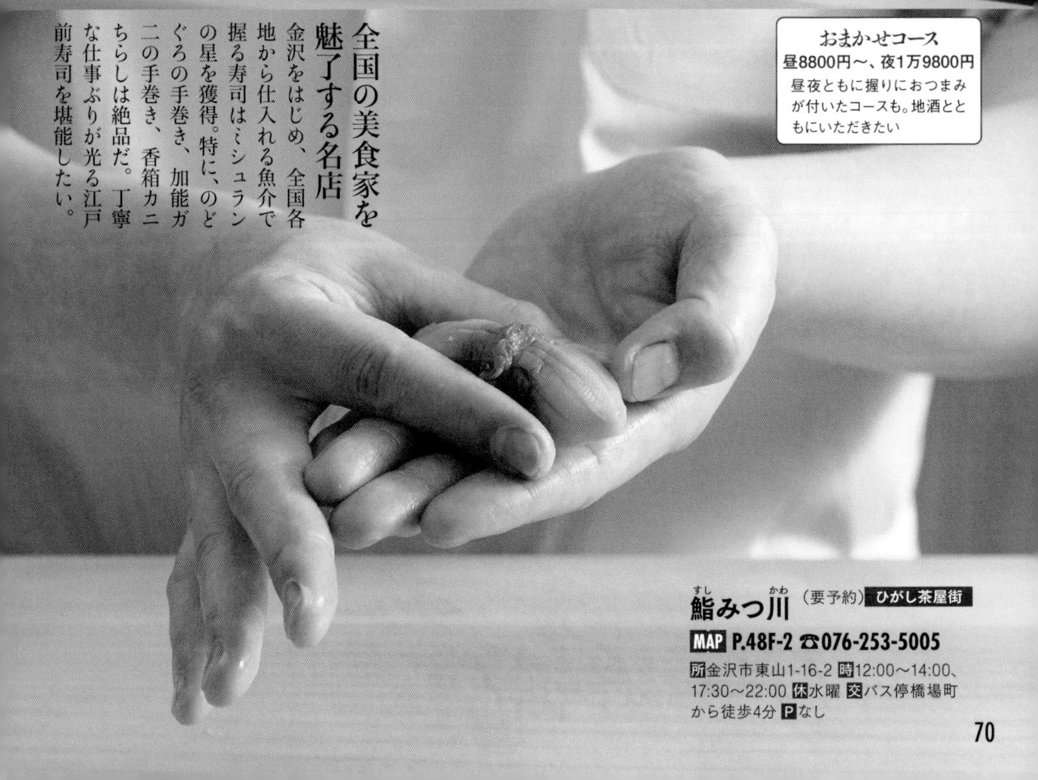

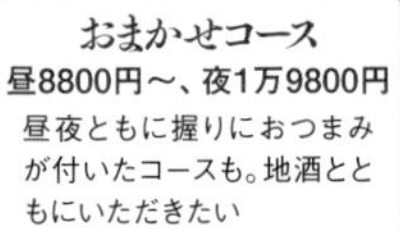

おまかせコース
昼8800円～、夜1万9800円
昼夜ともに握りにおつまみが付いたコースも。地酒とともにいただきたい

全国の美食家を魅了する名店

金沢をはじめ、全国各地から仕入れる魚介で握る寿司はミシュランの星を獲得。特に、のどぐろの手巻き、加能ガニの手巻き、香箱カニちらしは絶品だ。丁寧な仕事ぶりが光る江戸前寿司を堪能したい。

鮨みつ川（すしみつかわ）（要予約）ひがし茶屋街

MAP P.48F-2 ☎076-253-5005

所金沢市東山1-16-2 時12:00～14:00、17:30～22:00 休水曜 交バス停橋場町から徒歩4分 Pなし

心華やぐ鮨ともてなし

北陸の良質な食材が豊富に揃う、昭和30（1955）年創業の老舗。甘エビのすり身を使い焼き上げる「玉」や「ダシ漬けイクラ」など、独自の逸品も。お店の方と語らいながら、好みに合わせて握ってもらおう。

本日のおまかせ握り
4180円
季節の握り8貫と海苔巻き2種。握りはネタに合わせた特製醤油を塗って1貫ずつ提供

金沢駅周辺

本店加賀彌助（ほんてんかがやすけ）

MAP P.5 A-1
☎076-221-6357
所金沢市本町2-19-15 時12:00～22:00（閉店時間は変動の可能性あり） 休月曜（祝日の場合は営業。代休あり） 交JR金沢駅から徒歩3分 P3台

氷見の鮮魚を江戸前握りで

築地市場で働き、東京の名店やケータリングの寿司職人として腕を磨いた木場谷さん。「大切なのは旬」の言葉通り、毎朝氷見の漁港に出向いて鮮魚を仕入れ、地物を中心とする江戸前寿司を提供する。

おまかせコース
2万5000円
数品の肴のあと寿司が10貫。肴も寿司も新しいアイデアを積極的に生かしている

主計町茶屋街

鮨木場谷（すしきばたに）

MAP P.48D-2 ☎076-256-1218
所金沢市彦三町1-8-26 1F 時17:00～21:00 休日曜 交バス停橋場町から徒歩5分 Pなし

立体感のある豪快な寿司を

寿司の名店・小松弥助の大将から寿司の極意を受け継いだ店主がもてなす。ネタの食感や香りにもこだわり、包丁の入れ方や味付けの仕方にもひと工夫。食材だけでなく、器や白木のカウンターにも注目したい。

おまかせコース
昼1万2000円～、夜2万1000円～
夜は前菜や季節の一品のほか握りが付く。ガリが大きめなのも特徴

主計町茶屋街

鮨処あさの川（すしどころあさのがわ）

MAP P.48E-2
☎076-222-1114
所金沢市主計町2-13 時11:30～14:30(14:00LO)、17:30～22:00(21:30LO) 休水・木曜 交バス停橋場町からすぐ Pなし

浅野川を望む町家で頂く寿司

金沢屈指の名店の姉妹店。ネタは、魚の種類に合わせ食感や甘みが楽しめるよう丁寧に包丁を入れるのがこだわり。おすすめののどぐろ握りは、皮目をさっと炙ることで旨みが増し、香ばしさと甘みが口いっぱいに広がる。

主計町茶屋街

主計町 鮨 むかい川（かずえまち すし むかいがわ）

MAP P.48D-2
☎080-9781-9988
所金沢市主計町3-6 時12:00～14:00、18:00～21:00 休水曜、ほか不定休あり 交バス停橋場町から徒歩3分 Pなし

おまかせコース
昼4500円～、夜1万円～
季節のおすすめとのどぐろの握り。ガリ代わりの自家製ピクルスも美味

回転寿司

名物のワケ

驚きの価格で本格的な寿司が楽しめ、金沢発祥ともいわれる回転寿司。高級店にも負けないハイレベルな味わいで、どの店も行列必至。

生平目縁側
660円
1日10皿限定。コリコリ食感が美味

もりもり3点盛り
1980円
ボタンエビ、ウニ、トロを味わえる定番人気の一皿

ぶりとろ
480円
脂がのった濃厚な味わい

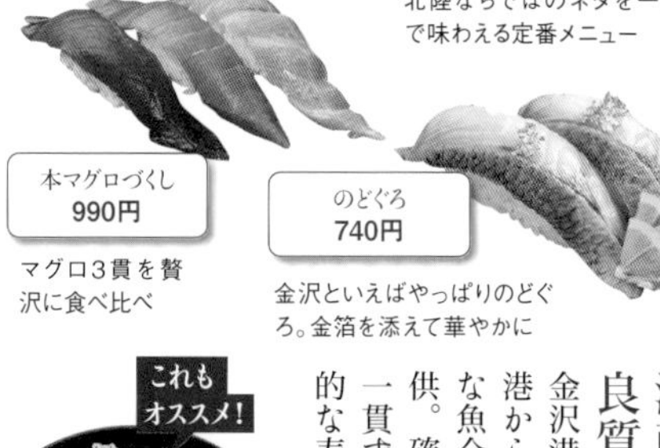

北陸厳選盛り合わせ
1580円
北陸ならではのネタを一皿で味わえる定番メニュー

本マグロづくし
990円
マグロ3貫を贅沢に食べ比べ

のどぐろ
740円
金沢といえばやっぱりのどぐろ。金箔を添えて華やかに

近江町市場で行列のできる店

朝8時〜と早朝から開いている回転寿司店で、石川や富山の選り抜きのネタを仕入れている。お得な3点盛りや5点盛りも充実。

これもオススメ！

大きなカニが入った香箱かに汁660円

もりもり寿し 近江町店

MAP P.49B-2 近江町市場周辺

☎076-262-7477

所 金沢市青草町88 時 8:00〜最終入店16:00（変更あり）※要確認 休 無休 交 バス停武蔵ケ辻・近江町市場からすぐ P 近江町市場駐車場利用（有料）

港直送の良質な品揃え

金沢港や富山の氷見漁港から直送された新鮮な魚介で握る寿司を提供。確かな腕の職人が一貫ずつ仕上げる本格的な寿司を味わえる。

これもオススメ！

濃厚な旨みの海鮮あら汁275円

すし食いねぇ！ 県庁前店

MAP P.4D-1 金沢市郊外

☎076-268-3450

所 金沢市西都1-51 時 11:00〜21:30 休 無休 交 JR金沢駅から車で5分 P 75台

朝夕仕入れる北陸の海の幸

活きのいい北陸の海の幸を、コシヒカリ100%のシャリとともに。近海で水揚げされる魚介を朝夕2回仕入れるので、どのネタも鮮度抜群。旅のスタートや〆に立ち寄りやすい駅ナカの立地も魅力的。

これもオススメ!

北陸名産の高級魚を豪快に揚げたのどぐろカマ唐揚げ550円
※欠品の場合あり

焼き穴子
440円

穴子の炊き汁を煮詰めた甘辛いタレが絶妙

朝獲れのどぐろ入り三種盛り
660円

のどぐろを堪能するならこれ。内容は入荷状況により異なる

白えび
880円

豊潤な甘みとぷりぷりの身が特徴の「富山湾の宝石」

廻(まわ)る富山湾(とやまわん) すし玉(たま) 金沢駅店(かなざわえきてん)

MAP P.5A-1　金沢駅周辺

☎076-235-3238

所金沢市木ノ新保町1-1 JR金沢駅西口あんと西2F 時11:00～21:30(LO21:00) 休無休 交JR金沢駅直結 Pなし

食べる金沢［回転寿司］

北陸の旬魚は、こちら!

▶11～3月
のどぐろ

脂のりがよく「白身のトロ」とも呼ばれる高級魚

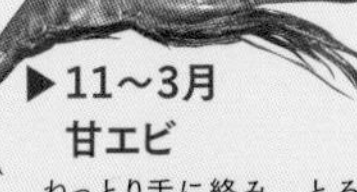

▶11～3月
甘エビ

ねっとり舌に絡み、とろけるような食感と甘みが特徴

▶11～3月
加能ガニ

石川県産ズワイガニ。繊細な身も濃厚な味噌も美味

▶6～8月
岩ガキ

詰まった身は濃厚でクリーミー。能登産が有名

職人技が光る美しい握りの数々

カウンターで味わうような上質な寿司を、金沢駅そばの好立地で味わえる。入荷状況によって変わるネタを、一皿でいろいろ楽しめる百万石にぎりが人気。

百万石にぎり(お椀付)
4246円

金沢に来たらはずせない定番ネタが勢揃い

のどぐろ炙り
968円

脂ののったのどぐろを香ばしく炙った至福の一品

これもオススメ!

サクサクの衣の中でぷりぷりの身がはじける白海老天ぷら858円

金沢回転寿司(かなざわかいてんずし) 輝(き)らり

MAP P.5A-1　金沢駅周辺

☎076-223-5551

所金沢市広岡1-9-16 マストスクエア金沢1F 時11:00～22:00 休無休 交JR金沢駅からすぐ Pなし

海鮮丼

名物のワケ

新鮮な魚介を豪快に盛り付けた海鮮丼。さまざまな店が個性あふれる海鮮丼を提供し、ネタはもちろん、ご飯、調味料などにもこだわりがある。

金沢海鮮丼の発祥はここ！

近江町市場で創業30年以上、連日行列の人気店。定番のちらし丼のほか、季節限定の丼や食べ応えのある天丼など、約40種の丼は目移り必至。白エビの唐揚げなど一品料理も充実で居酒屋使いもできる。

これもオススメ！

のどぐろと季節の食材の炙りちらし3500円

上ちらし近江町〈特盛〉
3250円
旬の鮮魚がどっさり。地元の醤油と酒などを熟成させた自家製醤油をかけてどうぞ

井ノ弥（いのや）

MAP P.49B-2　近江町市場周辺

☎076-222-0818

所 金沢市上近江町33-1 時 10:00～16:00（土・日曜は9:30～）休 火曜（祝日の場合は営業）交 バス停武蔵ヶ辻・近江町市場からすぐ P なし

海鮮ひつまぶし
2750円
新鮮な魚介が8種。胡麻醤油、うに醤油、締めはだし茶漬けと3種の食べ方で味わえる

これもオススメ!
口福海鮮どんスペシャル3630円

旬彩和食 口福（しゅんさいわしょく こうふく）

MAP P.49B-2 近江町市場周辺
☎076-225-8080

所金沢市青草町88 近江町いちば館2F 時11:00～15:00、17:00～22:00 休火曜（祝日の場合は営業）交バス停武蔵ヶ辻・近江町市場からすぐ Pなし

海鮮と金箔で まばゆい宝石箱

新鮮な旬の素材を生かした料理を提供する和食店。昼は海鮮丼や御膳、夜はコースやアラカルトメニューと地酒も豊富に揃っている。

海鮮丼（華）
2600円
ブリ、中トロ、白身、甘エビ、カニ身など海鮮がふんだんに！金箔は+330円

これもオススメ!
ボリュームある5種盛りの刺身定食1800円

じもの亭（てい）

MAP P.49B-2 近江町市場周辺
☎076-223-2201

所金沢市上近江町27-1 時11:00～15:00（日曜、祝日は9:00～）休水曜（祝日の場合は営業）交バス停武蔵ヶ辻・近江町市場からすぐ Pなし

地元の鮮魚を リーズナブルに

店名通り「地の物」を中心とした、丼や定食、一品料理が充実。海鮮丼もリーズナブルな価格で提供。ネタ一つひとつも分厚く食べ応えあり。

これもオススメ!
手頃な価格でボリューム満点の近江町市場丼1960円

特得近江町盛
3800円
地物の白身や中トロ、甘エビ、赤イカなど海鮮が14種。自家製玉子焼も人気

近江町市場 海鮮丼 魚旨（おうみちょういちば かいせんどん うおうま）

MAP P.49B-2 近江町市場周辺
☎非公開

所金沢市下堤町19-3 時11:00～18:00（ネタがなくなり次第終了）休不定休 交バス停武蔵ヶ辻・近江町市場からすぐ Pなし

地物づくしで 金沢を味わう

店のモットーは「地産地消」。海鮮はもちろん、米、酢、醤油なども地元のものを使用し、米は名水・白山霊水で炊くなど、徹底したこだわりが。

いきいき亭（てい） 近江町店（おうみちょうてん）

MAP P.49B-2 近江町市場周辺
☎076-222-2621

所金沢市青草町88 近江町いちば館1F 時7:00～15:00（ネタがなくなり次第終了）休木曜 交バス停武蔵ヶ辻・近江町市場からすぐ Pなし

鮮度にこだわる 美しい海鮮丼

カウンターのみながら、朝から観光客が集まる。いきいき亭丼のほか、朝仕入れた魚を使う朝どれ丼2200円も好評。数量限定。

いきいき亭丼
ローカル2200円、ワールド3300円
13～15種の海鮮と酢飯が別盛りに。生ものは醤油で、炙りは岩塩で召し上がれ

これもオススメ!
6時間じっくり煮込んだブリ大根1000円はファン多数

金沢おでん

名物のワケ

金沢でおでんといえば、昼夜関係なく、一年中味わえるグルメ。薄口のだしに、加賀野菜や11～12月限定のカニ面などご当地タネが入っている。

昭和レトロな温かいもてなし

昭和9（1934）年創業の名店で、当時から継ぎ足しで使うだしは、金沢風の豊かな風味。手作り鰯つみれ275円、だし巻玉子220円、白味噌で仕上げるどて焼など、独自のメニューも人気。

菊一（さくいち）

片町

MAP P.90C-2 ☎076-221-4676

所金沢市片町2-1-23 時17:30～22:00 休火・水曜 交バス停香林坊から徒歩3分 Pなし

すじ 2本400円

とろとろ食感。生姜味噌をかけて

赤はべん 300円

なめらかな食感の蒲鉾にだしが調和

金沢ひろず 400円

加賀野菜が入る大きめのひろうす

豊かなだしと地元食材の調和

店主の祖父の代から80年以上続き、継ぎ足しの関東風だしは、大きめのネタと相性がよい。カレーおでんやトンカツなど一品料理も人気。

おでん 高砂（たかさご）

片町

MAP P.90C-2

☎076-231-1018

所金沢市片町1-3-29 時16:00～おでんが売切れ次第閉店 休日曜、祝日 交バス停香林坊から徒歩3分 Pなし

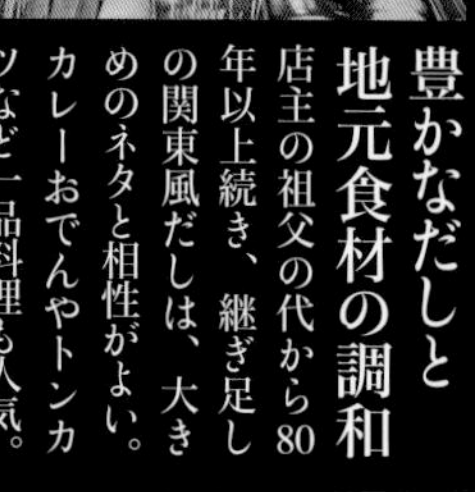

これもオススメ！

カレーおでん900円。車麸なども

赤玉 390円

中にウズラの卵が入った看板メニュー

梅貝 時価

殻ごと煮るのが金沢おでんのスタイル

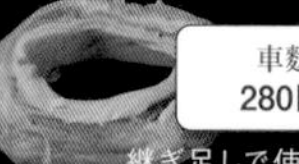

車麩 280円

継ぎ足しで使うだしがたっぷり染みた品

女将さんのアイデア光る具

昭和2（1927）年創業。定番の提供のほか、夏は加賀野菜とジュレのだしを使った夏おでん、冬はカニ面など金沢おでん文化を牽引。

赤玉本店（あかだまほんてん）

片町

MAP P.90B-2

☎076-223-3330

所金沢市片町2-21-2 時12:00～22:00（日曜・祝日は～21:00） 休月曜（祝日の場合は翌日） 交バス停片町からすぐ Pなし

これもオススメ！

やわらかく煮込んだ牛すじ煮込み1人盛570円

金沢おでん定番の具といえば！

▶車麩
長い棒に巻いて焼くため、中央に穴が開いた形。煮物の定番

▶赤巻
北陸地方の蒲鉾でおでんにも登場。紅白の渦巻き模様が特徴

▶梅貝
刺身や煮物に適した巻貝で、北陸では「バイ」と呼ばれる

シュウマイ 350円
食べ進むほどに魅了されるやさしい味

車麩 350円
極厚すぎるゆえ半円に。だしが凝縮！

鰯つみれ 450円
噛むごとに味わい深い大きなつみれ

駅ナカで親しむ昔ながらの味

金沢駅に店を構えるおでんの名店。秘伝のだしが染み込んだおでんのタネは、口の中で上品な味わいが広がる。

季節料理・おでん黒百合

MAP P.5A-1 金沢駅周辺
☎076-260-3722
所金沢市木ノ新保町1-1 あんと内 時11:00～21:30(LO21:00) 休無休 交JR金沢駅内 Pなし

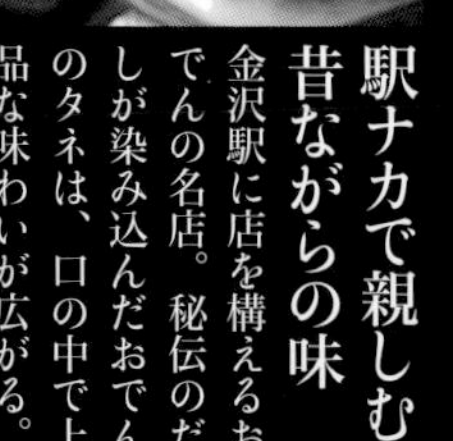

これもオススメ！
濃厚な味わいの白山堅豆腐580円

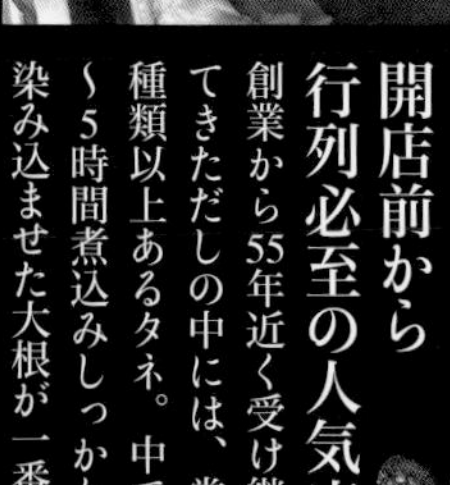

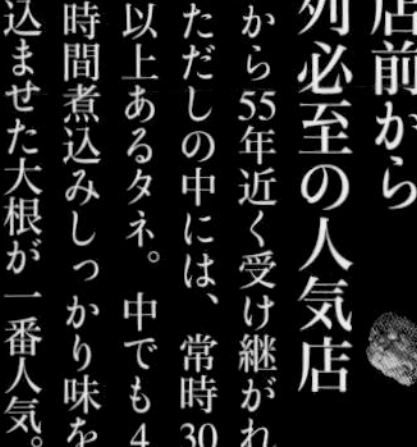

開店前から行列必至の人気店

創業から55年近く受け継がれてきただしの中には、常時30種類以上あるタネ。中でも4～5時間煮込みしっかり味を染み込ませた大根が一番人気。

玉子巻き 270円
だしが染みた手作りの玉子巻き

肉だんご 300円
鶏ひき肉に糸こんにゃく、筍入りの個性派

おでん居酒屋 三幸 本店

MAP P.90B-2 片町
☎076-222-6117
所金沢市片町1-10-3 時16:00～23:00(LO22:30) ※なくなり次第閉店 休日曜、祝日 交バス停片町から徒歩3分 Pなし

これもオススメ！
ふわふわのみゆき揚げ760円

名物グルメ

名物のワケ

海鮮のイメージが強い金沢だが、実は安くておいしいB級グルメも充実。地元っ子に長年愛されるあまり、今や全国区のものも。コスパがいいのもうれしい！

中毒性のあるジューシー餃子

創業約55年の餃子専門店。名物のホワイト餃子は、1日1万個以上売れることもあるそう。噛み応えのある厚い皮の中には30種類以上の具がぎっしり。ご飯やスープと一緒にガッツリお腹を満たすべし。

焼餃子(大)7個637円も定番

名物グルメ

ホワイト餃子

10個 650円

一度油に通してから焼くのが特徴。スパイシーなひき肉が味の決め手

第7(だいなな)ギョーザの店(みせ)

金沢市郊外

MAP P.4D-1 ☎076-261-0825

所 金沢市もりの里1-259 時 11:00～22:00 休 水曜（祝日の場合は営業、翌日休） 交 バス停若松から徒歩5分 P 100台

名物グルメ
金沢うどん

甘めのだしにたっぷり油揚げ

1930(昭和5)年創業のうどん店で、県内に27店舗を構える。小橋は地元客にも愛される名店だ。やわらか食感の麺に関西風のだしが絡むいなりうどんが名物で、油揚げを刻むのが金沢流。

850円
短冊状に切った油揚げと長ネギを煮込んだいなりうどん。口に含むと旨みが広がる

小橋お多福

MAP P.48-D-1 主計町茶屋街
☎076-231-7205
所金沢市彦三町1-9-31 時11:30～LO14:00、17:30～LO20:00(土・日曜、祝日は11:00～20:00) 休水曜 交バス停彦三北からすぐ P40台

名物グルメ
ハントンライス

金沢生まれ洋食メニュー

創業60年を超える洋食店の一番の人気メニューは、昭和中期に考案されたハントンライス。ふわとろの卵がのったオムライスに、エビや魚のフライをのせ、自家製タルタルソースで仕上げた、幅広い世代に愛される逸品だ。

普通盛1150円
オムライス&フライ&タルタル。洋食好きにはたまらない夢のコラボ

これもオススメ!

昔ながらのナポリスパゲッティ1050円

グリルオーツカ

MAP P.90B-2 片町
☎076-221-2646
所金沢市片町2-9-15 時11:00～15:30、17:00～19:50 休水曜 交バス停片町から徒歩4分 Pなし

名物グルメ
金沢カレー

ガツンと旨いカツカレー

"チャンカレ"の愛称で親しまれる元祖金沢カレーの店。深いコクと旨みが濃縮されたスパイシーなルーとビッグサイズの香ばしいトンカツを一皿で楽しめる。細切りのキャベツをたっぷり添えるのも金沢カレーならでは。

960円
Lカツカレー。注文を受けてから揚げるカツはサクサク!トッピングの追加も可

これもオススメ!

人気ランキング上位の常連、ヒレカツカレー860円

カレーのチャンピオン 野々市本店

MAP P.4D-2 野々市
☎076-248-1497
所野々市市高橋町20-17 時11:00～23:00 休夏季を除き無休 交JR野々市工大前駅から徒歩8分 P30台

地酒×地元食材

名物のワケ

自慢の地酒と鮮度抜群の魚介を味わえる海鮮居酒屋。好きなものをあれこれ楽しめる自由さが魅力。

〆はだしが効いた名物ののどぐろめしを

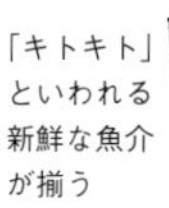

「キトキト」といわれる新鮮な魚介が揃う

魚の目利きが作る旬の海鮮料理と肴

北陸の幸を熟知した店主の特製料理

刺身屋（さしみや）

MAP P.49B-2　近江町市場周辺

☎076-231-7222

元魚屋が営む近江町市場内の海鮮居酒屋。市場内の水産物卸から直接仕入れる鮮度抜群の魚介を使った創作料理を楽しめる。

所金沢市青草町15-1 時10:30～21:00（土～月曜、祝日は9:30～）休無休 交バス停武蔵ヶ辻・近江町市場からすぐ Pなし

おしながき

ゲンゲ唐揚げ
600円

刺身盛り合わせ
1800円

うにと能登牛 2貫
2000円

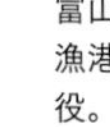

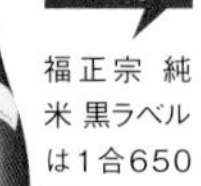

オススメの1本

福正宗 純米 黒ラベルは1合650円

いたる 本店（ほんてん）

MAP P.27B-2　香林坊

☎076-221-4194

富山の新湊、能登の宇出津、金沢の漁港から毎日仕入れる新鮮な魚が主役。金時草や小坂れんこんなど、季節の加賀野菜を使った料理も人気が高い。

所金沢市柿木畠3-8 時17:30～23:00 休日曜 交バス停香林坊から徒歩4分 Pなし

おしながき

日本海おさしみおけ盛り
小おけ2860円

海老のパリノッケ
880円

のどぐろの酒蒸し
時価

オススメの1本

福光屋の加賀鳶は半合550円～

2軒目はこちらへ

▶木倉町

松尾芭蕉が『奥の細道』で立ち寄ったこともある通り。バラエティあふれる飲食店が並ぶ

▶中央味食街

知る人ぞ知る屋台横丁は多くの地元客で賑わう。昭和の時代にタイムスリップしたような雰囲気

丁寧に盛られた料理。カウンター席がオススメ

食べる金沢 ［地酒×地元食材］

一品一品にあふれる店主の創意と心配り

旬づくしの美食と豊富な酒に感激

八十八（はとは）

おしながき
八寸（一人前）
2200～2700円

MAP P.90B-2 木倉町

☎076-260-8166

和を基本に洋・中のアレンジも加えたアラカルトメニューを用意。食感を残したアジのなめろうやクリームチーズの粕漬けなど、センスが光る味わいが揃う。

所金沢市木倉町6-6 時18:00～22:00 休日曜、月曜不定休 交バス停片町から徒歩5分 Pなし

オススメの1本

遊穂（1合）1100円。日本酒もワインも充実

酒屋 彌三郎（さかや やさぶろう）

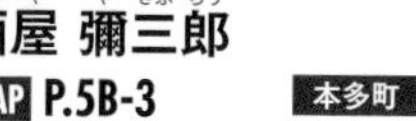

おしながき
のどぐろのしゃぶしゃぶ
2400円（※写真は2人前）
おさしみ5種
1400円～
加賀れんこんまんじゅう
500円

MAP P.5B-3 本多町

☎076-282-9116

古民家をリノベーションした隠れ家。北陸でしか味わえない旬の味をとの思いから生まれるハイセンスな創作和食を、美酒とともにゆっくりとどうぞ。

所金沢市本多町3-10-27 時17:30～24:00 休無休 交バス停本多町から徒歩3分 Pなし

オススメの1本

吉田酒造の手取川 山廃純米850円

和カフェ

名物のワケ

古くから茶の湯文化が盛んな金沢には、歴史ある和菓子店が多数。本格的な和スイーツが楽しめるおしゃれなカフェが増加している。

器までも美しい作りたて和菓子

明治44(1911)年創業の老舗和菓子屋が展開するカフェ。できたてという一番おいしい瞬間の和菓子を目、香り、味と五感で味わえる。注文後はじめのひと口にいただける「突き出しセット」にも心が躍る。

だんご
135円～
定番はみたらし、よもぎなど。季節の味も楽しめる

わり氷キューブ
1箱972円

おみやげにオススメ!

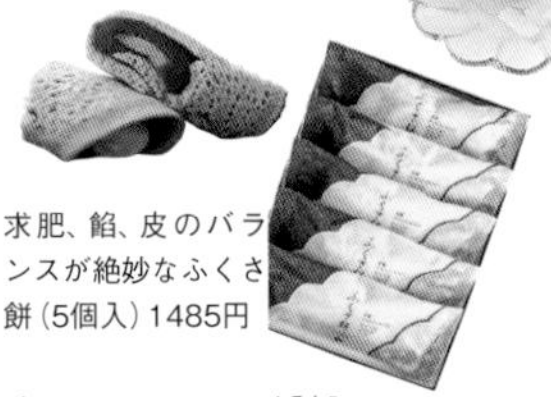

求肥、餡、皮のバランスが絶妙なふくさ餅(5個入)1485円

菓ふぇ MURAKAMI 金沢市郊外

MAP P.4D-1 ☎076-242-1411

所金沢市泉本町1-4 時10:00～17:00(LO16:30) 休無休 交バス停二万堂からすぐ P20台

カラフルな「虹色の月」8枚入1404円

お土産にオススメ!

兼六園の六勝にちなんだ「六」648円

菓舗 Kazu Nakashima

MAP P.48E-2 ひがし茶屋街

☎076-252-5280

明治14(1881)年創業の和菓子店の主人が、「生きている和菓子」をテーマに開店。地酒やスパークリングとの相性もよい菓子が揃う。

所金沢市東山1-7-6 時10:00～18:00 休木曜 交バス停橋場町から徒歩3分 Pなし

洋素材がアクセント華麗なネオ和菓子

丸ごとみかん大福
1080円
いちご大福
540円
新鮮な果物を丸ごと使い、白餡と組み合わせた人気メニュー。持ち帰りもOK

庭園を眺めながら
贅沢なカフェ時間

白玉あずき 栗一粒
800円
大粒の大納言小豆がたっぷり。後味すっきりなほうじ茶との相性も◎

金沢に寄り添う老舗の
季節味わう甘味処

宇治金時かき氷
880円
風味豊かで濃厚な抹茶蜜のかき氷の中には自慢のつぶ餡が。6〜9月夏メニューより

茶菓工房たろう 鬼川店

MAP P.90B-1 長町武家屋敷跡
☎076-223-2838

新感覚の和菓子を次々と生み出す和菓子店。武家屋敷跡 野村家に隣接しているため、美しい庭園を眺めながら上品な甘味を味わえる。

所金沢市長町1-3-32 時8:45〜17:30 休無休 交バス停香林坊から徒歩6分 P6台

お土産にオススメ!

食べ切りサイズの「たろうのようかん」324円

西茶屋菓寮 味和以

MAP P.90A-3 にし茶屋街
☎076-244-2424

嘉永2(1849)年創業の老舗菓子店「諸江屋」による甘味処。季節感あふれる庭の景色を眺めながら、能登大納言などの厳選素材を使った甘味を。

所金沢市野町2-26-1 時10:00〜17:00 休火曜(祝日の場合は営業) 交バス停広小路から徒歩5分 P3台

ココア味の落雁「La・KuGaN」540円

お土産にオススメ!

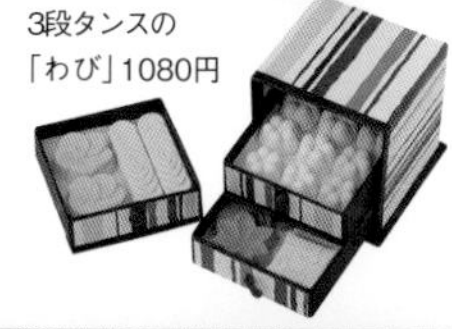

3段タンスの「わび」1080円

タルト
495円
しっとりとした抹茶生地に、能登大納言小豆、ひよこ豆、とら豆、うぐいす豆がオン

プリンあらどーも
1000円
かためのプリンの上には、贅沢に金箔をあしらったプリンソフトがたっぷり

和を盛り込んだ
とろけるプリン

きんつば 中田屋 東山茶屋街店(甘味処 和味)

MAP P.48E-2 ひがし茶屋街
☎076-254-1200

昭和9(1934)年創業のきんつばの名店・中田屋の甘味処。能登大納言小豆を贅沢に使ったきんつばや小豆スイーツを豊富に取り揃える。

所金沢市東山1-5-9 時9:00〜LO16:00 休不定休 交バス停橋場町から徒歩3分 Pなし

お土産にオススメ!

定番のきんつば5個入972円

ひがし茶屋街 金澤ぷりん本舗

MAP P.48F-2 ひがし茶屋街
☎076-225-7749

加賀棒茶や金箔など、金沢の伝統的な和素材を生かしたプリン専門店。奥能登の生乳を使用したプリンは、クリーミーでなめらかな食感。

所金沢市東山1-13-10 時10:00〜LO16:30 休火曜 交バス停橋場町から徒歩5分 Pなし(季節により変更の可能性あり)

お土産にオススメ!

店内の工房で作られる新鮮な金沢ぷりんは、1個480円〜

朝ごはん

名物のワケ

美食の街・金沢は、朝食が充実していることでも有名。ホテルのモーニングはもちろん、和から洋まで多彩なジャンルの朝食で一日を始めよう。

焼きたてパン×一軒家ビストロ

モーニングセット（クロックマダム）
1584円
メインはクロックマダムかキッシュを選択可。+605円でスープも追加できる

異国調の空間でプティ・デジュネ

おしゃれな店が連なるせせらぎ通りで、焼きたてパンとフレンチベースのモーニングを。料理の主役は地元産や自家製の素材で、クロックマダムにも自家製チキンハムやベシャメルソースを贅沢に使う。

1

3

2

1 メインにコーヒーまたは紅茶が付く 2 エントランスには焼きたてパンがずらりと並ぶ 3 家具や雑貨も平見さんがセレクト

Boulangerie et Bistro ひらみぱん

MAP P.90B-1 ☎076-221-7831 せせらぎ通り

大正6（1917）年に建てられた元鉄工所の建物を、店主の平見さんがカントリー調にリノベート。ランチ・カフェメニューも充実している。

所 金沢市長町1-6-11 時 8:00～10:30、12:00～15:30 休 月曜 交 バス停南町・尾山神社前から徒歩7分 P 1台

台湾料理×町家

四知堂kanazawa

すーちーたん カナザワ

MAP P.48D-2 主計町茶屋街

☎076-254-5505

江戸時代から続く油問屋を改装した台湾料理店。地元の食材を使った本格的な料理が朝から夜まで楽しめる。台湾の定番メニューを盛り込んだ朝食は予約がおすすめ。

所金沢市尾張町2-11-24 時8:00～16:00、18:00～22:30 休水曜 交バス停尾張町から徒歩1分 Pなし※近隣の有料駐車場を利用

朝食セット
2200円
メインは台湾粥か鹹豆漿から選択。副菜と甘味が付く充実のラインナップ

1 天井が高く開放的な店内 2 油問屋時代から受け継がれる見事な庭 3 風格に満ちた店構えは抜群の存在感

自家焙煎珈琲×謎解き

シャーロック・ホームズの朝食セット
1090円
モーニングメニューは7:00～12:00まで注文できる

謎屋珈琲店

なぞ や こー ひー てん

MAP P.49A-1 ☎076-208-3728 金沢駅周辺

ミステリーがコンセプトの遊び心あふれるカフェ。自家焙煎ハンドドリップの本格コーヒーを片手に謎解きを楽しめば、気分は名探偵。スタッフが作ったクイズに正解すると、特別メニューやオリジナルグッズのサービスも。

所金沢市安江町19-6 時7:00～22:00 休火曜（祝日の場合営業）交JR金沢駅から徒歩6分 P提携駐車場あり

本格和食×注目の人気店

季節の和朝食
2530円
10種ものご飯のお供や焼き魚などが付く、季節ごとに変わる和朝食。予約制。ホテル宿泊者以外も利用可

空潮/空汐

そら しお そら しお

近江町市場周辺

MAP P.49B-2 ☎076-225-8360

人気店「お味噌汁食堂そらみそ」監修の和食店。朝は「空潮」として朝食を、夜は「空汐」として酒と肴を提供する。滋味豊かな味噌汁とご飯は「そらみそ」の姉妹店ならでは。

所金沢市袋町2-1 SOKI KANAZAWA1階 時空潮7:00～LO10:00、空汐17:00～LO22:00 休空潮無休、空汐水曜 交バス停武蔵ヶ辻・近江町市場から徒歩1分 P近隣駐車場を利用

近江町市場

名物のワケ

金沢の料理人が足しげく通う近江町市場は、「おみちょ」の愛称で親しまれ、鮮魚店や青果店、惣菜店など、約180の店で賑わいを見せる一大観光名所だ。

近江町市場（おうみちょういちば）

MAP P.49B-2 近江町市場周辺

所金沢市上近江町50 時 休店舗により異なる 交バス停武蔵ヶ辻・近江町市場からすぐ P近江町いちば館駐車場利用（有料）

食べ歩き

市場グルメを食べ歩きするのも醍醐味のひとつ。惣菜系からスイーツ系まで勢揃い

創業140年を超える専門店のできたて蒲鉾

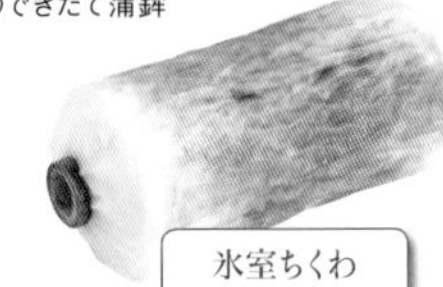

氷室ちくわ
420円

岩内蒲鉾店（いわうちかまぼこてん）

MAP P.49B-2
☎076-231-0952
時8:00～16:30 休日曜、祝日

豆腐や豆乳ドリンクなど大豆素材の商品が揃う

豆乳ソフト
430円

豆腐家 二六（とうふや ふたろく）

MAP P.49B-2
☎076-224-1028
時9:00～15:00
休水曜

ダイヤモンドLⅡ店（エルツーてん） 近江町コロッケ（おうみちょう）

大人気のコロッケとおみやげを扱う店

甘エビコロッケ
350円

MAP P.49B-2
☎076-232-0341
時9:00～なくなり次第終了 休不定休

市場でランチ

鮮魚の宝庫・近江町市場でボリューム満点の海鮮や金沢グルメを食す！

もりもり寿し（ず） 近江町店（おうみちょうてん）

▶P.72

もりもり3点盛り
1980円

朝7時からオープンで、朝寿司も可能！

井ノ弥（いのや）

▶P.74

金沢海鮮丼発祥で、行列の絶えない人気店

上ちらし近江町〈特盛〉
3250円

百万石うどん（ひゃくまんごく） 近江町店

MAP P.49B-2 ☎076-261-4722
時8:00～15:00（だし・麺がなくなり次第終了）休不定休

上品でやさしい醤油味が特徴の金沢うどんの店

近江町うどん
960円

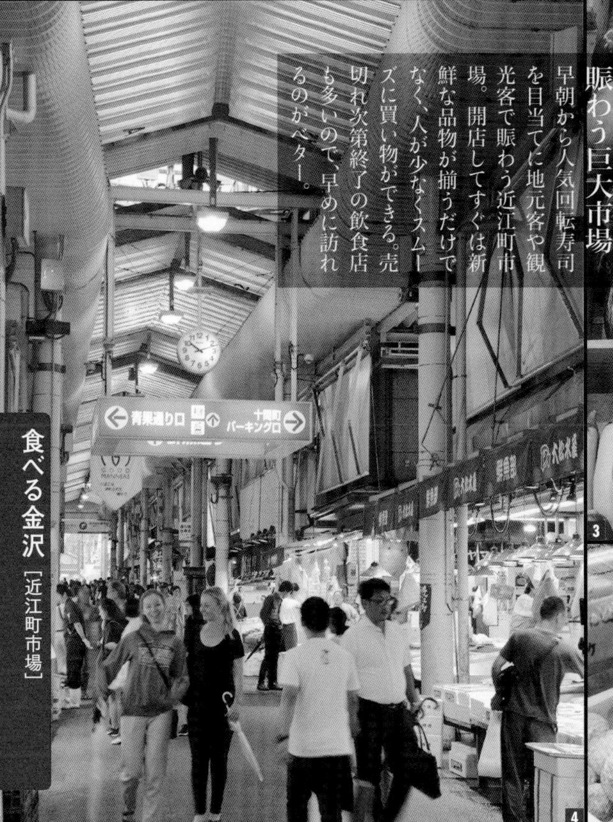

城下の台所として賑わう巨大市場

早朝から人気回転寿司を目当てに地元客や観光客で賑わう近江町市場。開店してすぐは新鮮な品物が揃うだけでなく、人が少なくスムーズに買い物ができる。売切れ次第終了の飲食店も多いので、早めに訪れるのがベター。

1 アーケード内には、とれたての鮮魚が並ぶ鮮魚店がたくさん。対面販売で威勢のよい声が飛び交う 2 金沢のメインストリート・百万石通りに面するむさし口 3 加賀太きゅうりやヘタ紫茄子など、金沢の伝統野菜・加賀野菜も手に入る 4 多くの観光客で賑わいを見せる。ランチができる飲食店も多い

info 金沢の食卓を支え続ける近江町市場

元禄3（1690）年に袋町の魚市場が、享保6（1721）年に犀川口の市場が近江町に移り、併合されたのが近江町市場の始まり。その後、各地から魚介を中心とするさまざまな食物が集まり、金沢食文化の発展に貢献した。

海鮮みやげ

晩酌のお供にしたい珍味や、鮮魚を使った加工食品はおみやげにもぴったり！

のどぐろの一夜干し
1パック1500円

濃厚な旨みが美味な北陸名物の高級魚を手軽に

大口水産（おおぐちすいさん）

MAP P.49B-2
☎076-263-4545
時 9:00〜17:00（日曜、祝日は8:30〜16:00）休 水曜不定休

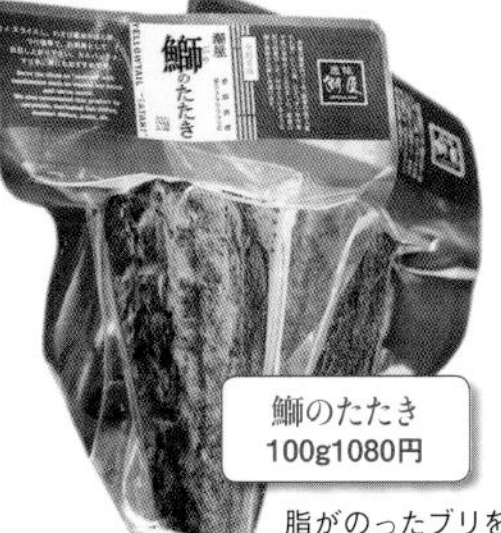

鰤のたたき
100g1080円

脂がのったブリを炙り、旨みを閉じ込めた逸品

逸味潮屋（いつみうしおや） 近江町いちば店

MAP P.49B-2
☎076-223-0408
時 9:00〜17:00 休 木曜（物販のみ営業の場合あり）

舟楽（しゅうらく） 近江町本店（おうみちょうほんてん）

MAP P.49B-2
☎076-232-8411
時 9:00〜17:00
休 無休

甘辛いタレが食欲をそそる手押し寿司

穴子棒餡
1780円

長い歴史と豊かな文化が育む

美食の宝庫・金沢 古くから受け継がれる食文化

海の幸や加賀野菜、日本酒など豊かな食文化が魅力の金沢。現在の食文化が形成されるまでの経緯を解き明かす。

加賀文化の集大成 加賀料理

現在、金沢にある料亭は15軒前後。最古の料亭は「つば甚」（→P.69）で、その歴史は260年以上にも及ぶ。

そもそも加賀料理に明確な定義はなく、金沢産の食材を使って作られる日本料理を指す。加賀前田家初代当主・利家の主君である豊臣秀吉の影響を受けた京料理をベースに、幕府のある江戸の武家文化と混ざり合いながら進化したといわれている。加賀料理を代表する鯛の唐蒸しは、背開きにした鯛におからを詰めて蒸し、濃いめに味付け。見た目の豪快さも加賀料理の特徴だ。

加賀料理の発展は、料亭の建物や器、日本庭園なども大きく関係している。たとえば器。歴代の主人が集めた九谷焼や輪島塗などの器も料理の技術とともに代々受け継いでいく。

このように、加賀料理は料理を中心としたしつらえや建物などとの集合体によって発展していった。

茶の湯が生んだ 和菓子

全国有数の和菓子処として知られる金沢で、菓子作りが始まったといわれるのは、前田利家が金沢城に入った天正11（1583）年頃。当時、御用菓子処だった堂後屋三郎衛門が城の周辺に菓子屋を開いたのが金沢和菓子の始まりとの説が濃厚だという。

加賀藩の藩主は代々茶の湯に関心が高く、千利休や小堀遠州、金森宗和などに学んでいた。このような背景があり、和菓子は茶道とともに一般庶民へと広まった。

庶民に和菓子が広まっていった理由として、信仰心の厚い土地柄だったことも挙げられる。和菓子の普及後、法要の際に、供えられた落雁や餅、最中は、仏事のあとに参加者に分け与えられるという習慣が浸透していき、和菓子は庶民にとって、身近な存在になっていった。

桃の節句の金花糖や夏の氷室饅頭、7月の土用のささげ餅など、現在も和菓子は季節や人生の節目に欠かせないものとなっている。

豊かな水と 上級な米がなす地酒

全国屈指の酒処として知られる金沢。別名「菊酒」といわれる金沢の酒は、豊臣秀吉が催した醍醐の花見で全国から献上された銘酒の筆頭として挙げられていたといわれ、その時代から有名なブランドだったことがわかる。

加賀地方では、霊峰白山を源とする伏流水、能登地方では、山々の雪解け水による伏流水が100年以上もの年月をかけて、ミネラルに富んだ豊かな水になったといわれている。

使用する酒米はもちろん、ハイレベルの品質だ。最高級の山田錦や加賀平野で栽培される五百万石米が、良質な伏流水と出合うことによって、唯一無二の日本酒が生まれる。

AREA
GUIDE

にし茶屋街（ちゃやがい）

長町（ながまち）・香林坊（こうりんぼう）

周辺スポットからのアクセス

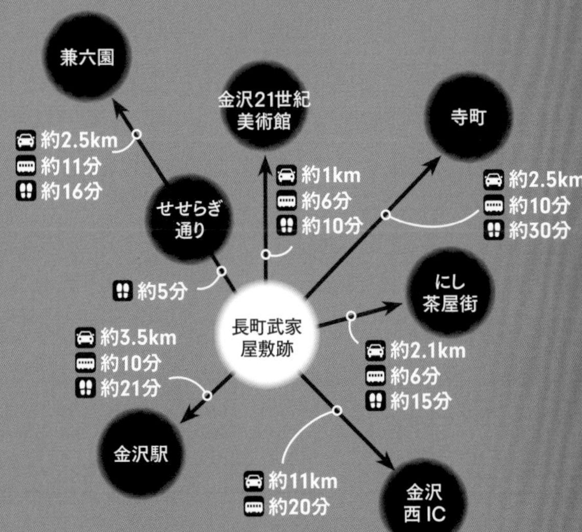

茶屋街 長町・香林坊
広域図 P.5
0 50 100m
P.101 甘味処 金花糖
P.97 オヨヨ書林 せせらぎ通り店
香林坊窟
P.95 金沢市足軽資料館
P.84,97 Boulangerie et Bistro ひらみぱん
P.97 町屋ダイニングあぐり
長町(3)
等雲寺
聖霊病院・聖堂
金沢聖霊総合病院
P.110 atelier&gallery creava
P.24 松の湯
長町(2)
中央通
P.97 サンニコラ 香林坊店
P.101 MORON CAFE
P.83 茶菓工房 たろう 鬼川店
長町(1)
P.97,104 本田屋食器店
武家屋敷跡 野村家 P.96
法船寺
P.101 和菓子 村上 長町店
P.104 九谷焼窯元 鏑木商舗
長町武家屋敷跡
P.94 長町武家屋敷跡
金沢市
中央通り町
P.97 アロマ香房焚屋
P.97 SKLO
中央公民館長町館
浄照寺
老舗記念館
老舗記念館
犀川
P.79 グリルオーツカ
長町
P.81 八十八
木倉町
新橋
西蓮寺
片町(2)
ホテルアマネク金沢
片町中央通り
千日町
敬栄寺
白菊町
千日町
P.76 赤玉本店
片町
片町(パシオン前)
白菊町
室生犀星記念館 P.101
犀川大橋
犀川大橋北詰
瑞泉寺
P.77 おでん居酒屋 三幸 本店
片町(1)
犀川大橋南詰
西茶屋菓寮 味和以 P.83
落雁 諸江屋 P.65
にし茶屋街
大蓮寺
白菊町
野町広小路
津田水引折型 P.120
P.101 じんばーる
にし数登美
華の宿
P.98 にし茶屋街
野町広小路
妙慶寺
mame ノマノマ P.101
成学寺
P.99 金沢市西茶屋資料館 P.98
広小路(寺町寺院群・にし茶屋街)
中谷とうふ P.101
真長寺
野町(1)
寺町通
Salon de thé kawamura P.101
甘納豆かわむら P.98,108
野町(2)
本長寺
宝勝寺
谷口吉郎・吉生記念金沢建築館
願念寺
P.99 妙立寺(忍者寺)
南大通
広小路(大桜前)
つば甚 P.69
因徳寺
極楽寺
三光寺
常松寺
西方寺
浄安寺
P.69 料亭 穂濤
南町・尾山神社前
尾山神社前
尾山町
香林坊(2)
赤羽ホール
合同庁舎前
尾山
広坂合同庁舎
東横INN 金沢兼六園香林坊
香林坊(1)
めがねのお店 Mito P.97
広坂(2)
香林坊(日銀前)
香林坊(アトリオ前)
いしかわ四高記念公園
香林坊・仙石通り
日本銀行 金澤支店
香林坊東急スクエア
日銀前
香林坊大和
石川四高記念文化交流館
香林坊
香林坊 東急スクエア
香林坊(四高記念館前)
P.76 菊一
P.76 おでん 高砂
香林坊
ホテルクラウンヒルズ金沢
金沢市役所
片町
(片町きらら前)
P.101 Underground table
片町タテマチ
十金沢教会
片町きらら
OMO5 金沢片町
下柿木畠
P.80 いたる本店
パティオ
アパホテル〈金沢中央〉
柿木畠
金沢市第二庁舎
オーバル
ホテルマイステージ金沢片町
里見町
大工町
堅町
大工町
池田町三番丁
池田町四番丁
タテマチ広場
タテマチ
十三間町中丁
P.26-27
堅町
池田町一番丁
池田町立丁
水溜町
P.100 八百屋松田久直商店
十三間町
P.100 KiKU
新堅町
中川除町
P.115 taffeta
P.100 パーラーコフク
P.100 ESPRESSO BAR ケサランパサラン
P.100 benlly's & job
室生犀星文学碑
杉浦町
A
B
C
1
2
3

こんなところ！ 【エリア別】

にし茶屋街

長町・香林坊

加賀藩の魅力と歴史が凝縮したスポットが満載

加賀藩士・中級武士たちがかつて住んでいた屋敷の土塀や石畳の小路など、当時の面影を残す長町武家屋敷跡。一般公開されている屋敷では、見事な庭園を眺め、当時の生活を垣間見ることができる。また、ここから歩いて15分ほどのところにあるにし茶屋街も、金沢の情緒が色濃く感じられるスポット。木造の茶屋建築が軒を連ね、茶屋様式の格子戸からは三味線の音色が聴こえてくる、小粋な芸処を散策してみて。

観光ボランティアまいどさんが、ガイドしますよ〜！

歴史を堪能できるエリア
1 長町武家屋敷跡（ながまちぶけやしきあと）

江戸時代の武士たちの暮らしぶりを体感できる長町武家屋敷跡には、外敵の侵入を阻止するための袋小路や抜け道などが今もなお残っており、タイムスリップしたかのような感覚になる。

絶景ナビ 長町武家屋敷跡 ▶P.94
武家屋敷跡 野村家 ▶P.96

今やスイーツストリートに！
2 にし茶屋街（ちゃやがい）

こぢんまりとした通りだが、在籍する金沢芸妓の数は金沢の3大茶屋街の中で最多だとか。現在も4軒の茶屋が営まれ、往時のしっとりとした風情を残しつつ、近隣住民の生活道路として親しまれている。

絶景ナビ にし茶屋街 ▶P.98
甘納豆かわむら ▶P.98

オシャレなお店がいっぱい
3 せせらぎ通り（どお）

素敵な裏通りとして人気の「せせらぎ通り」は、地元の人も行きつけにする名店が多く立ち並び、和洋問わずさまざまなジャンルのグルメが楽しめるのが魅力。2度目・3度目の金沢旅なら、ぜひ訪れたい。

もっと旅が楽しくなる！

【上手に巡るヒント！】

1 ボランティアガイドを活用！

ボランティアガイドまいどさんが常駐している「長町武家屋敷休憩館」や「金沢市西茶屋資料館」に行けば、無料で同行し周辺の歴史や見どころをガイドしてくれるので、さらに詳しい歴史、建物の知識や魅力に触れることができる。

2 人気のグルメ店は予約がマスト！

せせらぎ通り沿いをはじめ、このエリアの界隈には人気の飲食店が多数！特に外国人観光客にも人気のお店は満席になることも多いので、効率よく回るためにも事前予約しておこう。

このまま巡れる！歩ける！

歴史を感じる長町武家屋敷跡から茶屋街まで武家文化を満喫する１日プラン

1日コース

長町〜にし茶屋街〜寺町

武家文化に触れつつ、にし茶屋街へと向かうコースでは、大人の風情を感じられる。個性的かつ感度が高い店舗も集まっている。

START

JR金沢駅

車で約10分

10:00 2つの用水に挟まれた界隈
長町武家屋敷跡

加賀藩士たちが住んでいた屋敷跡では、今も市民生活が営まれている。あまり高さのない黄色の土塀が特徴で、趣のある情緒が漂う。

▶P.94

徒歩すぐ

10:30 心落ち着く大きな武家屋敷跡
武家屋敷跡 野村家

廃藩まで続いた由緒ある野村家の武家屋敷跡。北前船時代に栄えた豪商の邸宅を一部移築しつつも、数寄屋建築の茶室、濡れ縁に迫る曲水と庭園、資料の数々などから歴史の繁栄が感じられる。

▶P.96

屋敷と庭園の調和は、ため息が出る美しさ

車で10分

11:30 昼から贅沢な時間を過ごせる
仁志川

犀川を望む台地の一角にある料亭。昭和30年代築の名士の旧邸宅をいかした空間、街並みを借景にした眺めは心にしみじみと響く。金沢の伝統を感じる料理とともに。

▶P.101

徒歩10分

13:00 広い河川敷をゆったりと歩く
犀川河川敷を散歩

河畔に金沢三文豪・室生犀星の文学碑があり、春は花見で賑わい、夏はライトアップイベントが開催される。鉄橋大橋の犀川大橋は国登録有形文化財。

徒歩5分

14:00 伝統と新しさが溶け合う茶屋街
にし茶屋街

犀川大橋を渡った先にあり、長町武家屋敷跡からも近いこぢんまりとした茶屋街。軒を並べる茶屋建築は料亭や茶屋もあるが、洗練された甘味処も多く集う。

▶P.98

徒歩すぐ

15:00 隠れた名店の甘味をおみやげに
甘納豆かわむら

地元産の豆から個性的な豆まで多彩な豆を用いた甘納豆が揃う。パッケージがなんとも愛らしく、おみやげにも人気。羊羹など季節の味も見逃せない。

▶P.98,108

一服できる茶房も併設！

徒歩2分

ⓘ街歩きナビ

江戸時代の雰囲気を今もなお残す長町武家屋敷跡や、すぐそばの流行に敏感なショップが並ぶせせらぎ通りは、のんびり散策しながら巡るのがおすすめ。カフェやお茶屋でちょっと休憩したり、ウィンドウショッピングするだけでも楽しい。時間があれば、にし茶屋街まで歩けるが、効率よく回りたい場合はバスやレンタサイクルを利用しよう。にし茶屋街はひがし茶屋街と比べて規模が小さめだが、そのぶん短時間で悠々と堪能できるのがメリット。近くにある妙立寺一帯の寺町寺院群は古刹も多く、刻を告げる鐘の音に耳を傾けながらじっくりと巡りたい。

＋1時間 過ごすなら

別名"忍者寺"と呼ばれる寺

妙立寺（忍者寺）

加賀藩3代藩主の命によって建てられ、時代柄、砦としての役割もあわせ持っていた寺。堂内にはからくりが多く、1人で入ったら出てこられないとも。市内外はもとより訪日外国人旅行者の人気も高い。見学は事前予約制。

絶景ナビ

▶P.99

or

市内最大の繁華街

香林坊〜片町

百貨店・大型ショッピングセンターなどが立ち並ぶエリア。近くには木倉町などのグルメスポットも多数ある市内最大の繁華街。

or

こだわり派に人気のストリート！

せせらぎ通り

美しい用水路沿いにオシャレなカフェや雑貨店の多いせせらぎ通りは、散歩にうってつけ！夜もオープンしている飲食店も多い。

▶P.97

15:30 大人がくつろぐ心地よい空間

西茶屋菓寮 味和以

金沢とともに歴史を刻んできた老舗和菓子舗「諸江屋」の菓子を購入でき、イートインも可能。和風庭園を眺めつついただく抹茶と菓子はほっとするおいしさ。

▶P.83

↓ 徒歩すぐ

16:30 雅な加賀水引が揃う

津田水引折型

日本で初めて立体的で美しい「加賀水引」を考案した老舗。伝統的で雅な加賀水引を現代の生活にも合う形で提案。金沢旅行のおみやげにぴったりだ。

▶P.120

↓ 徒歩10分

17:30 旅先で味わう金沢の母の味

おでん居酒屋 三幸本店

地元民に愛されて40年以上のおでん居酒屋。車麩や冬限定の香箱カニなど金沢らしいおでんが食べられる。大人気店のため事前の予約がオススメ。

▶P.77

↓ 徒歩3分

GOAL バス停 片町

にし茶屋街〜長町・香林坊［エリアコース］

金沢
名所
ナビ
絶景
石畳の路地に土塀が続く
江戸時代の風情漂う町並み

絶景ナビ 1

長町武家屋敷跡

長町武家屋敷跡

MAP P.90B-1 ☎076-232-5555(金沢市観光協会)

藩政時代に加賀藩の中級武士が屋敷を構えた地域。武家屋敷の庭が再現され、木羽板葺の屋根や長屋門の町並みが当時の雰囲気を伝えている。入り組んだ路地を歩けば、まるでタイムスリップしたかのよう。

所 金沢市長町 交 バス停香林坊から徒歩5分 P 長町観光駐車場20台

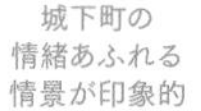

城下町の
情緒あふれる
情景が印象的

1 土塀を雪から守るための「薦掛け」は、金沢の冬の風物詩
2 夜はしっとり趣のある雰囲気に

info 加賀藩の足軽の生活を伝える文化施設！

「金沢市足軽資料館」は、石置き屋根の家屋が特徴の家を移築・復元したもので、足軽の慎ましいながらも清々とした生活を見ることができる。

MAP P.90B-1 ☎076-263-3640

所金沢市長町1-9-3 時9：30～17：00 休無休（催物入替日を除く） 料無料 交バス停香林坊から徒歩7分 Pなし

観光ボランティア「まいどさん」に聞く、長町歴史案内！

教えてくれた人 福岡さん

長町武家屋敷休憩館などに常駐し、同行しながら歴史や見どころを教えてくれる。ガイド料無料。（団体は要予約）

1 ごっぽ石

昔は下駄の歯の間に詰まった雪を落としたり、馬をつないだりと重宝された石

2 新家邸長屋門

当時は珍しい金属を使用した格子付きの「武者窓」。門の横にあり外を監視できる

3 戸室山の石

藩政時代より金沢城の石垣や武家屋敷の土塀基礎石などに使われている

右は加賀藩第13代藩主、左は第14代藩主の書が飾られている

2 絶景ナビ

長町武家屋敷跡

武家屋敷跡 野村家

MAP P.90B-1 ☎076-221-3553

加賀藩の重役を歴任した久保彦兵衛の屋敷跡。曲水や古木を配した美しい庭園は国際的にも評価が高い。

所金沢市長町1-3-32 時8：30～最終入館17：00（17：30）、10月～3月は16：00（16：30）休12月26・27日、1月1・2日 料550円 交バス停香林坊から徒歩5分 P6台

info 絶景の庭を眺めながらお抹茶タイム

2階から見る庭は格別。抹茶を味わいつつ、心休まる時間を過ごせる。

3 絶景ナビ

辻家庭園

金沢市郊外

MAP P.4D-1 ☎076-201-1124

加賀藩家老の横山家が明治期に建てた庭園。近代庭園の先覚者7代目小川治兵衛による深山幽谷を思わせる名園。

所金沢市寺町1-8-48 時11：00～17：00（冬季は～18：00）休火・水曜 ※土日祝の婚礼時は拝観時間が異なるので要問合せ 料500円 交バス停寺町2丁目から徒歩2分 P60台

英国の影響を受けた風光明媚な庭園

info 群青の間も必見

ラピスラズリの粉末でコバルトブルーに仕上げられた壁は絢爛豪華。

個性豊かな雑貨店や、人気の飲食店がずらり

せせらぎ通りさんぽ

香林坊の裏通りのニュースなスポット

せせらぎ通りとは、藩政期の初期から400年近くにわたって市民生活に潤いを与えてきた鞍月用水に沿って遊歩道がある人気の散策スポット。昨今の飲食店や雑貨店の出店ラッシュで、町家など古い建物をリノベーションしたお店も目立ち、昔ながらのお店と素敵な化学反応を起こして注目を集めている。

A オヨヨ書林 せせらぎ通り店

大正時代の建物を改装した古本屋。文芸から絵本まで多彩なジャンルの本が並ぶ

MAP P.90B-1 ☎076-255-0619

所金沢市長町1-6-11 時13：00～19：00 休月曜 交バス停香林坊から徒歩7分 Pなし

B 町屋ダイニングあぐり

MAP P.90B-1
☎076-255-0770

所金沢市長町1-6-11 時18：00～24：00 休月曜 交バス停香林坊から徒歩7分 Pなし

和モダンな居酒屋。名物の炭火焼で、旬の野菜や魚が楽しめる。

せせらぎ通り
野村家
近江町市場
百万石通り
香林坊東急スクエア

F めがねのお店Mito

MAP P.90B-1
☎076-263-8823

所金沢市香林坊2-12-10 せせらぎパサージュ1-C 時11:00～18:30 休水曜 交バス停香林坊から徒歩3分 Pなし

店長厳選のアイウエアやメガネ雑貨などを取り揃える。

香林坊店限定販売の「ニコロン」は、県産の食材を使いショコラも自家製！

D サンニコラ 香林坊店

MAP P.90B-1☎076-264-8669

所金沢市香林坊2-12-24 時11：00～19：00 休水曜、第3火曜 交バス停香林坊町から徒歩3分 Pなし

C Boulangerie et Bistro ひらみぱん

MAP P.90B-1 ☎076-221-7831

所金沢市長町1-6-11 時8:00～10:30、12:00～15:30 休月曜 交バス停南町・尾山神社前から徒歩7分 P1台

自家製チキンハムを使ったクロックマダムはモーニングの大定番！

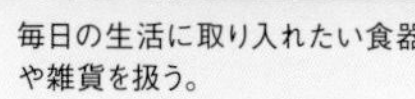

毎日の生活に取り入れたい食器や雑貨を扱う。

G 本田屋食器店

MAP P.90B-1 ☎076-221-1250

所金沢市長町1-3-8 時10:00～18:00 休火曜 交バス停香林坊から徒歩5分 Pなし

E アロマ香房焚屋

MAP P.90B-1
☎076-255-6337

所金沢市長町1-2-23 時11：00～18：00 休火曜（祝日の場合は営業） 交バス停香林坊から徒歩2分 Pなし

友禅柄モチーフの匂い袋「ぽち香」は、おみやげにぴったり！

H SKLO

チェコやドイツで買い付けたアンティーク小物や家具を販売するセレクトショップ。

MAP P.90B-1 ☎076-224-6784

所金沢市香林坊2-12-35 時12：00～19：00 休不定休 交バス停香林坊から徒歩2分 Pなし

通りには甘味処も多く、スイーツも楽しめる

絶景ナビ 4

にし茶屋街

にし茶屋街

MAP P.90A-3

金沢三茶屋街のひとつで、在籍する芸妓の数は三茶屋街の中で最多といわれている。通りを歩くと、三味線や唄の稽古の音色が聞こえてくる、昔ながらの風情が感じられる。

所金沢市野町 交バス停広小路から徒歩3分 P1時間350円（にし茶屋観光駐車場）

info 夜は一層風情が漂う

色っぽい雰囲気になる夕刻時は美しい芸妓さんを見かけることもある。

絶景ナビ 6

にし茶屋街

甘納豆かわむら

MAP P.90A-3 ☎076-282-7000

豆の性質に合わせて炊き上げ、自然な甘さを引き出した甘納豆。保存料・着色料を使用しない安全なおやつ。

所金沢市野町2-24-7 時9:30～18:00（日曜、祝日は～17:00） 休第1火曜 交バス停広小路から徒歩3分 P4台

info その場で食べられる人気スイーツもcheck!

併設の「MAMEノマノマ」では、甘納豆を炊く時にできたまめ密をかけたカキ氷が人気。

絶景ナビ 5

にし茶屋街

金沢市西茶屋資料館

MAP P.90A-3 ☎076-247-8110

お茶屋「吉米楼」の跡地に立つ、お茶屋造りを再現した「金沢市西茶屋資料館」。朱色の壁が印象的なお座敷などを見学できる。

所金沢市野町2-25-18 時9：30～17：00 休無休 料無料 交バス停広小路から徒歩5分 P1時間350円（にし茶屋観光駐車場）

観光ガイドまいどさんが常駐。無料で施設内を案内してくれる

info ここのお座敷もチェック

はなれの見事な群青の間は高貴な方の特別な部屋として利用。

7 絶景ナビ 料亭 華の宿

にし茶屋街

MAP P.90A-3 ☎076-242-8777

「華の宿」の茶屋建築は、にし茶屋街が文政3年に加賀藩から公許された当時から残る建物。夜になると、芸妓さんを招いての宴席が設けられるが、午前中は茶房として営業している。

所金沢市野町2-24-3 時10：00～午前中のみ 休不定休 料300円（コーヒー付）交バス停広小路から徒歩5分 Pなし

巧妙なからくりにワクワク 忍者寺の仕掛けを拝見

一見2階建てのように見えるが、実は4階7層の複雑な造りになっており、部屋は23室、階段は29もある。

落とし穴

通路にある落とし穴は、落ちた敵を下に潜む家来が攻撃できるからくり。

隠し階段

物置の戸の下にある床板を外すと、下へ続く階段が出現。

茶室

抜け道の先には、刀が振り回せないように天井を低くした茶室が！

8 絶景ナビ 妙立寺（忍者寺）

寺町

MAP P.90A-3 ☎076-241-0888

前田家の祈願所として建てられた日蓮宗の寺院。内部にはからくりが多数あって、江戸時代の防衛術が見学できる。

所金沢市野町1-2-12 時9：00～16：00※要予約 休法要日 料1200円※未就学児の入場不可 交バス停広小路から徒歩3分 Pなし

昭和にタイムスリップ！

レトロな新堅町商店街の魅力、教えます。

不思議な魅力がいっぱいの商店街

独特な存在感を放つストリート

もともと「骨董通り」として知られていた新堅町商店街は、古美術品や骨董品を取り扱うお店が数多く点在。今では町屋を改装したショップやカフェ・雑貨屋など、日本中から注目される個性派ショップが立ち並ぶオシャレストリートに。新旧が混在した独特な雰囲気を味わいながら、ぶらぶら歩いてみるのも楽しい。

おつまみ3種盛りが付いたコフクセットがおすすめ！

パーラー

昼酒も楽しめる小箱酒場

パーラーコフク

MAP P.90C-3

☎076-221-7757

自家製のスモークやアンチョビなどをつまみに、昼下がりからビールがちょい飲みできる酒場。

所金沢市新堅町3-118 時17:00〜23:00（土・日曜、祝日は15:00〜）休月・火曜 交バス停片町から徒歩10分 Pなし

八百屋

対面販売での買い物も楽しい！

八百屋さんが作る惣菜やジャムも必見！

八百屋松田久直商店

MAP P.90C-3

☎076-231-5675

加賀野菜や青果のほか、自家製のお惣菜や手作りジャムなどを販売する八百屋。

所金沢市新堅町3-104 時9：30〜17：00 休日曜、祝日 交バス停片町から徒歩10分 P2台

カフェ

トムとジェリーのチーズケーキ650円、ラテ500円

豊かな味わいのエスプレッソに注目

ESPRESSO BAR ケサランパサラン

MAP P.90C-3

☎076-250-5053

こだわりのコーヒーや手作りスイーツが人気のカフェ。コーヒーはすべてエスプレッソメニューで提供。

所金沢市新堅町3丁目17-3 時8：30〜17：00 休月・金曜 交バス停堅町から徒歩10分 Pなし

ジュエリー

職人がひとつずつ丁寧に仕上げる

彫金師が作る独創的なジュエリー

KiKU

MAP P.90C-3

☎076-223-2319

彫金師・竹俣勇壱さんの工房兼店舗。結婚指輪のオーダーもできる。

所金沢市新堅町3-37 時11:00〜20:00（火曜は予約制）休水曜 交バス停片町から徒歩10分 Pなし

雑貨

人気のカメラストラップ

手づくりのオリジナル革製品が揃う

benlly's & job

MAP P.90C-3

☎076-234-5383

オーナー自らが作るオリジナル革製品を中心に取り揃えるファクトリーショップ。

所金沢市新堅町3-16 時11:00〜19:00 休火・水曜 交バス停片町から徒歩12分 P1台

info

コーヒー好きが集結する「しんたてコーヒー大作戦」！

県内外から人気のコーヒー店が大集合し、通り全体がコーヒーの香りに包まれる、1日限りの人気イベント！ 路上屋台には、淹れたてのコーヒーやフードがずらりと並ぶ。※開催日は公式Facebookをチェック。

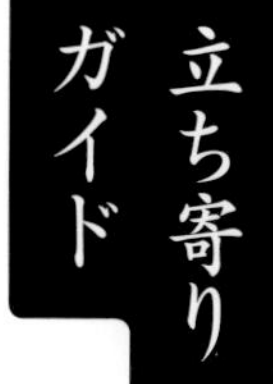

室生犀星記念館

MAP P.90A-2 ☎076-245-1108

金沢出身の文豪・室生犀星の生家跡に建つ記念館で、直筆原稿や遺品を展示。本人による詩の朗読も聞ける。

所金沢市千日町3-22 時9:30〜17:00(16:30最終入館) 休火曜(祝日の場合は翌平日)、展示替え期間、年末年始 料310円 交バス停片町から徒歩6分 P4台

MORON CAFE

MAP P.90A-1 ☎076-254-5681

ヴィンテージ家具を配した海外のような雰囲気のカフェ。スイーツはもちろん、モーニング利用も可能。

所金沢市長町2-4-35 時9:00〜18:00 休火曜 交バス停香林坊から徒歩5分 P2台

甘味処 金花糖

MAP P.90A-1
☎076-221-2087

丹波大納言をじっくり炊き上げた小豆で作る、あんみつやぜんざいなどの甘味が絶品のお茶屋さん。

所金沢市長町3-8-12 時12:00〜夕暮れ時 休火・水曜(祝日の場合は営業) 交バス停香林坊から徒歩12分 P4台

和菓子 村上 長町店

MAP P.90B-1
☎076-264-4223

職人が丹精込めて作り上げる和菓子に定評のある金沢の老舗。求肥のもちもち食感と自家製のこし餡が絶妙な、人気の黒糖ふくさ餅。

所金沢市長町2-3-32 時10:00〜16:30 休不定休 交バス停香林坊から徒歩6分 Pなし

Underground table

MAP P.90C-2
☎076-210-4900

落ち着いた雰囲気の中、地元食材を使ったピザなどが楽しめる。濃厚ガトーショコラのチョコレートがけ880円など手作りスイーツも人気。

所金沢市片町1-4-18 時11:30〜16:00、18:00〜23:00 休水曜、第1・3・5火曜 交バス停片町からすぐ Pなし

仁志川

MAP P.5B-3
☎076-241-0111

広大な自慢の日本庭園を眺めながら、季節の加賀野菜や魚介を彩りよく使った料理の数々が味わえる。

所金沢市寺町3-5-18 時11:30〜14:00、17:00〜21:00 休水曜 交バス停寺町3丁目から徒歩2分 P14台

中谷とうふ

MAP P.90A-3
☎076-241-3983

手作りの絹豆腐を練り込んだ「とうふアイス」など、お豆腐屋さんが作るスイーツも見逃せない。

所金沢市野町2-19-13 時10:00〜17:00 休日曜 交バス停広小路から徒歩3分 P1台

わいんばーる にし数登美

MAP P.90A-3
☎076-280-1103

古いお茶屋を改装した大人のための隠れ家的ワインバー。本漆のロングカウンターが印象的。

所金沢市野町2-26-2 時19:00〜23:00 休日曜、祝日 交バス停広小路から徒歩5分 Pなし

Salon de thè kawamura

MAP P90A-3
☎076-282-7000

甘納豆かわむらに併設されるカフェ。お豆のプレート(加賀棒茶付き)1800円では、甘納豆や栗・Yokanなどが楽しめる。

所金沢市野町2-24-7 時10:30〜17:00(日曜、祝日は10:30〜16:30) 休第1火曜 交バス停広小路から徒歩3分 Pなし

mameノマノマ

MAP P.90A-3
☎076-282-7000

「甘納豆かわむら」に隣接。"賞味期限6分"のモナカ400円〜やドリンクなどを販売しており、散策途中に気軽に立ち寄れる。

所金沢市野町2-24-7 時9:30〜16:30 休第1火曜 交バス停広小路から徒歩5分 Pなし

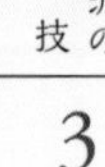

金沢の技 3

名物名品

加賀麩（かがふ）

すだれ麩は、加賀藩の秘蔵っ子！

金沢で作られる麩は「加賀麩」と呼ばれる。車麩、すだれ麩、生麩、彩り麩が代表的だ。加賀料理の代表「治部煮」にすだれ麩が欠かせなかったり、金沢おでんや卵とじには車麩が入っていたりと、小さな中に上品さと遊び心が感じられる彩り麩で料理を小粋に彩る。地元の人にとって加賀麩はとても身近なものだ。

麩そのものは全国各地で食べられているものだが、雪国に属する石川県では、保存できる麩が貴重なたんぱく源として重宝されてきた。また、寺院が多い金沢では、精進料理に必須の食材としても昔から需要があったという歴史がある。

中でも「すだれ麩」は、江戸時代に加賀藩お抱え料理人であった舟木伝内包早（ふなきでんないかねはや）が創製したもので「藩外に公開せぬように」と緘口令が敷かれた。製法はずっと加賀藩内のみに伝えられてきた、門外不出のものだった。現代も製法は当時のままだという。

【すだれ麩作りの工程】

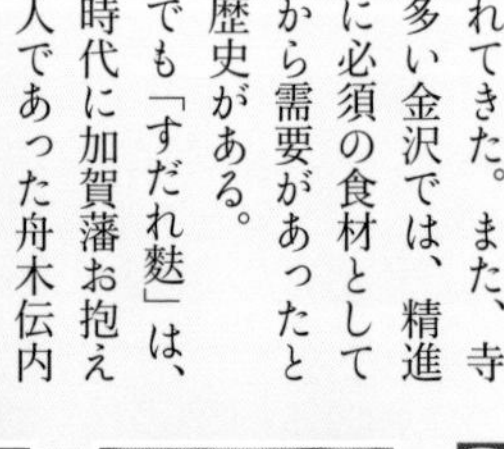

1 **生地を作る**
グルテンに米粉を加え、捏ねて生地を作る

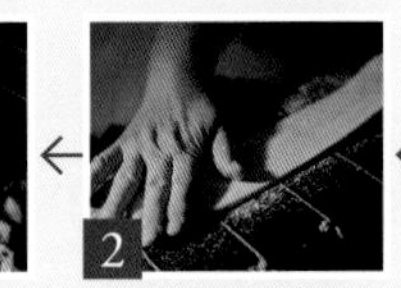

2 **伸ばす**
生地を専用のすだれに巻いて1枚ずつ職人技で伸ばす

3 **茹でる**
重ねて茹でることで成形され、すだれ模様が現れる

＼ おすすめの加賀麩 ／

おやつ麩
918円
ほんのり甘く、こんがり香ばしい。ひと口サイズの麩菓子

すだれ麩
411円
金沢ならではのすだれ麩を、鍋やすきやきなどご家庭でも

購入は百貨店や不室屋各店で

近江町市場周辺

加賀麩不室屋（かがふふむろや） 尾張町店（おわりちょうてん）

MAP P.49C-2 ☎076-221-1377

所金沢市尾張町2-2-18 時10:00～17:30 休火・水曜 交バス停武蔵ヶ辻・近江町市場から徒歩3分 Pなし

SHOPPING GUIDE

金沢で買う

食卓を華やかに
彩ってくれる器たち

色鮮やかな色彩と大胆な絵付けが魅力的

五彩だけじゃない 九谷焼の世界

赤を使わない「青手」、赤く細い線で描いた図に金彩を施した「赤絵」など、窯元によって作風もいろいろ。

染め付け七寸皿
7700円
落ち着いた風合いの手描き染付けのお皿 B

九谷赤絵
赤玉6寸皿
7150円
本田屋オリジナルの手描き赤玉シリーズ B

酒グラス
糠川孝之・画 牡丹
2万7500円
九谷焼らしい色絵を施した鏑木オリジナル作品。ギフトにも喜ばれている。A

九谷焼
ペンギンマグカップ
（庄田春海）
3300円
ユーモラスな表情を浮かべたペンギンの絵付けがかわいらしい C

徳利 太田恵梨香・画 赤絵マンダラ
2万2000円

九谷焼染付鳥鉢 黒
（庄田春海）
3850円
シンプルでモダンな器。和・洋問わず、何でも似合う C

ききちょこ
石畳
2750円
いつものお酒もよりおいしく感じさせる酒器 A

C アルトラ

MAP P.49B-2 ☎076-231-6698

所金沢市下堤町7 アルトラビル2F 時10:00～17:00 休不定休 交バス停武蔵ヶ辻・近江町市場からすぐ Pなし

近江町市場周辺

B 本田屋食器店

MAP P.90B-1 ☎076-221-1250

所金沢市長町1-3-8 時10:00～18:00 休火曜 交バス停香林坊から徒歩5分 Pなし

長町武家屋敷跡

A 九谷焼窯元 鏑木商舗

MAP P.90B-1 ☎076-221-6666

所金沢市長町1-3-16 時9:00～18:00 休不定休 交バス停香林坊から徒歩5分 Pなし

長町武家屋敷跡

※価格は変動の可能性あり

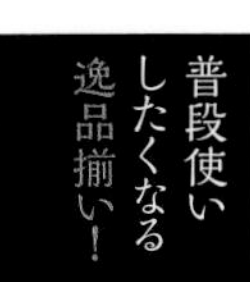

注目の おしゃれ漆器

伝統的な技術や技法を重ねて作り上げられる漆器。
職人の計算しつくした曲線美が、しっくりと手に馴染む。

TOHKA WINE
（左）ブルゴーニュ
（右）ボルドー
各1万9800円
繊細で優美な曲線のフォルムが美しいワイングラス **C**

BORDER
（右）BO-A-01
（左）BO-B-02
各8250円
美と機能性とデザイン性を備え、小物入れや器として幅広く使える漆器 **A**

TSUMUGI 蓋付椀 千鳥 red
1万3200円
美しい曲線で、食卓に新たな彩りを添えてくれる **C**

蒔地こどもスプーン
1万6500円
お食い初めや離乳食向け **B**

上塗スプーン
1万1000円～
赤ちゃんの歯固めとして用いることも **B**

すぎ椀・中・溜
2万6400円
本朱とは違う、溜ならではの恍惚とした紅に惚れ込む人も多い **B**

フォルムのステキさに ひと目ぼれ

C

B

A

C GATOMIKIO/1

MAP P.144C-1 ☎0761-75-7244

所 加賀市山中温泉こおろぎ町ニ3-7 時 9:00～17:00 休 木曜 交 山中温泉バスターミナルから徒歩10分 P 15台

B 輪島キリモト・漆のスタジオ【本店】

MAP P.123C-1 ☎0768-22-0842

所 輪島市杉平町成坪32 時 9:00～17:00 休 無休 交 ふらっと訪夢から徒歩15分 P 数台

A 畑漆器店

MAP P.144B-1 ☎0761-78-1149

所 加賀市山中温泉湯の出町レ23 商山堂1F 時 10:00～17:00 休 水曜 交 バス停上原町から徒歩2分 P なし

国内で生産される金箔のほとんどが金沢産

美しき箔の世界

400年以上の歴史を持つ金箔。最近では工芸品のみならず、食品や化粧品などにも幅広く使用されている。

工芸王国金沢の代表的な伝統工芸

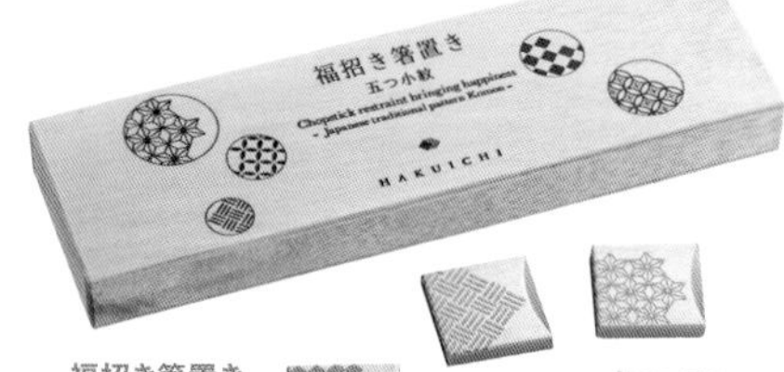
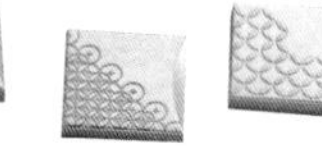
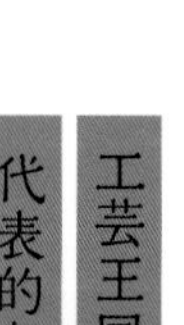

福招き箸置き
五つ小紋
5500円
縁起のよい吉祥文様を施した箸置き5個セット

おぼろ月ボウル
（漆）10寸
1万7600円
薄く挽いた木地に、おぼろ月が浮かぶ日本らしい器

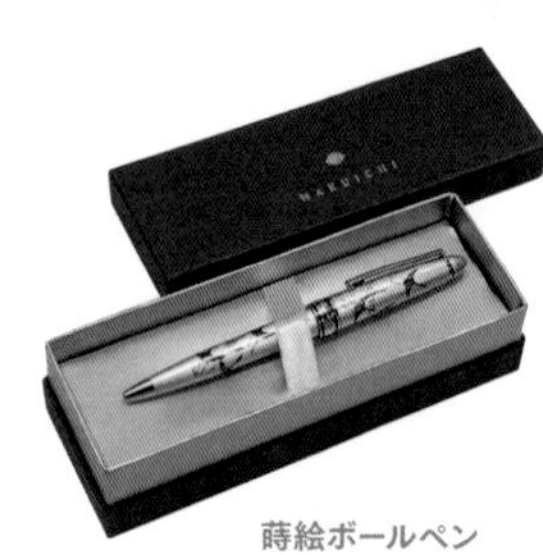

蒔絵ボールペン
千羽鶴
5500円
あのトランプ大統領が持っているものと同じ

金華ゴールド
リップスティック
2200円
憧れのもちもち唇が手に入るリップコート

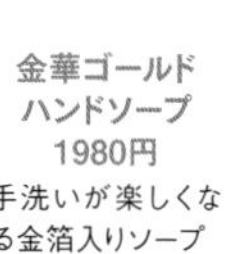

金華ゴールド
ハンドソープ
1980円
手洗いが楽しくなる金箔入りソープ

箔一本店 箔巧館

MAP P.4D-1 ☎076-240-8911

所金沢市森戸2-1-1 時9:00～18:00、(冬季、カフェ・体験は～17:00) 休無休 交バス停新金沢郵便局前から徒歩10分 P20台

金沢市郊外

加賀の国独特の染め技法

華やかな加賀友禅

五彩といわれる臙脂・藍・黄土・草・古代紫を基調とし、着物に美しい自然の息吹を封じ込める加賀友禅。

手描きならではの息をのむ美しさ

加賀友禅
タンブラー
各3500円
色鮮やかな友禅柄で、気持ちまで華やかに

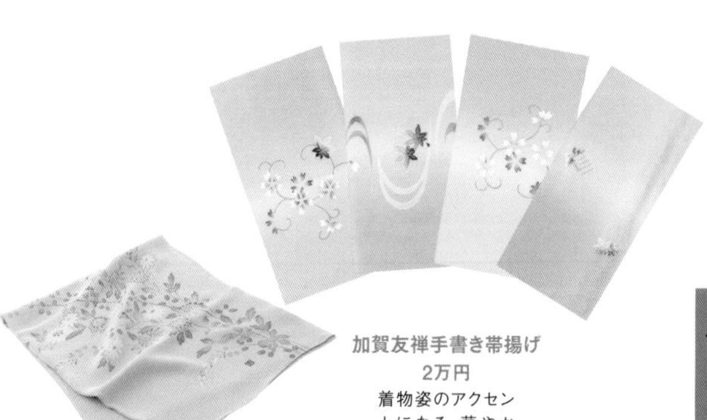

加賀友禅手書き帯揚げ
2万円
着物姿のアクセントになる、華やかで上品な帯揚げ

風呂敷
5500円～
1枚あると便利な、品のある加賀友禅染めの風呂敷

加賀友禅
ヘアゴム
660円～
気軽に加賀友禅を取り入れられるアイテム

久連波

MAP P.48F-2 ☎076-253-9080

所金沢市東山1-24-3 時10:00～18:00 休水曜 交バス停橋場町から徒歩5分 Pなし

ひがし茶屋街

個性ある色鮮やかなテキスタイル

縁起のよい加賀てまり

金沢では娘が嫁ぐときに、
幸せを願って持たせるという
習慣がある。

加賀八幡起上がり
1万6500円
愛らしいはちまんさんモチーフのまり

金沢てまり
1万6500円
土台から模様まで、ひと針ずつすべて手作り

ゆびぬきピン
5775円
男性へのおみやげにオススメ

かんざし
6270円
着物の装いに合わせたい一品

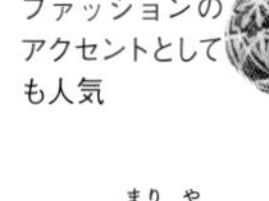

イヤリング
8250円
ファッションのアクセントとしても人気

加賀指ぬき
8250円～
アクセサリーとしても使える指ぬき

全国でも珍しい手まりの専門店

加賀(かが)てまり 毬屋(まりや)

MAP P.27A-1 ☎076-231-7660

所金沢市南町5-7 時9:30～18:00 休火・水曜 交バス停南町・尾山神社からすぐ Pなし

金沢で愛され続けている刺繍針

毛針から生まれたアートな一品

加賀繍をはじめとする伝統工芸や地元産業にも愛用されてきた、目細針。

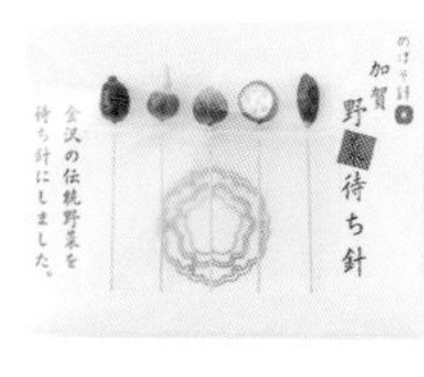

加賀野菜待ち針
1100円
加賀野菜をモチーフにした愛らしい待ち針

ちいさな裁縫セット
2970円
あると便利な針や糸・ハサミがかわいいセットに

MEBOオリジナルチョーカー
5060円
羽毛と天然石と毛針をチョーカーに

孔雀ピアス
5060円
毛針と羽毛を使用した大ぶりなピアス

加賀伝統の美が生きる熟練の技

はじめての目細針セット
800円
おみやげにもピッタリな目細針のセット

目細八郎兵衛商店(めぼそはちろうべいしょうてん)

MAP P.49B-1 ☎076-231-6371

所金沢市安江町11-35 時9:30～17:30 休火曜 交バス停武蔵ヶ辻・近江町市場から徒歩5分 P2台

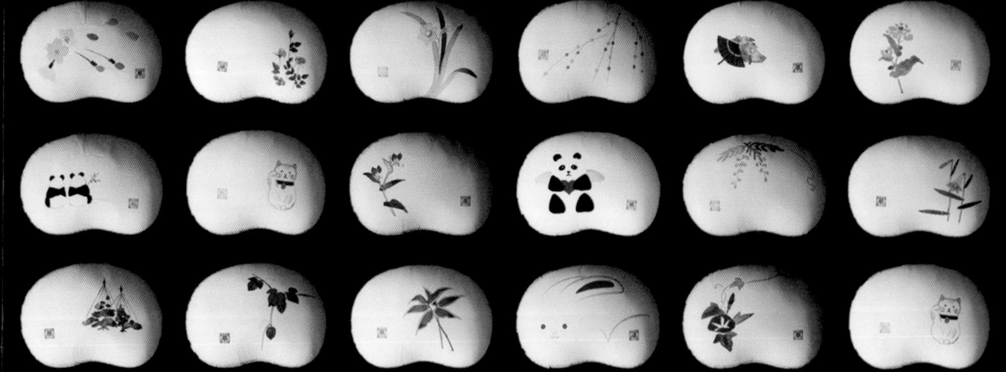

の世界

加賀百万石の文化を脈々と受け継ぐ金沢の町。
茶道の文化も広めた前田利家の思いは、
今もなお和菓子に表現され人々に伝えられている。

菓子職人の心意気が詰まったおやつ

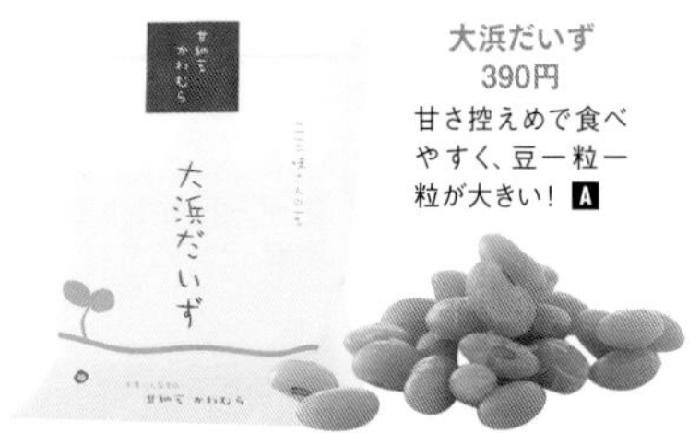

大浜だいず
390円
甘さ控えめで食べやすく、豆一粒一粒が大きい！ A

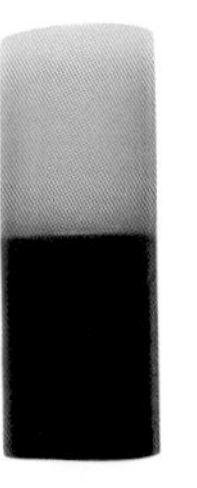

白ごま羊羹と黒ごま羊羹
320円
クリーミーな白ごまと香ばしい黒ごま、2つの味が楽しめる A

加賀八幡
起上もなか（7個入り）
1350円
吟味した小倉餡を、はちまんさんの形の最中にたっぷり詰めた縁起の良い一品 B

愛香菓（12個入り）
1188円
アーモンドやシナモンを組み合わせた、ほろほろとした口どけのおかし B

どら焼き
250円
吉はしが立ち上げたブランド「豆半」の激レアどら焼き C

C 吉はし菓子店（豆半）

MAP P.48F-1 ☎076-252-2634

所金沢市東山2-2-2 時9：00～17：30 休日曜、月曜・祝日の午後 交バス停東山から徒歩2分 P2台

ひがし茶屋街

B 金沢うら田 泉野店

MAP P.4D-1 ☎076-245-1188

所金沢市泉野町4-8-21 時9:00～18:00（日曜は～17:00）休水曜 交バス停泉野4丁目から徒歩3分 P4台

金沢市郊外

A 甘納豆かわむら

MAP P.90A-3 ☎076-282-7000

所金沢市野町2-24-7 時9：30～18：00（日曜、祝日は9：30～17：00）休第1火曜 交バス停広小路から徒歩3分 P4台

にし茶屋街

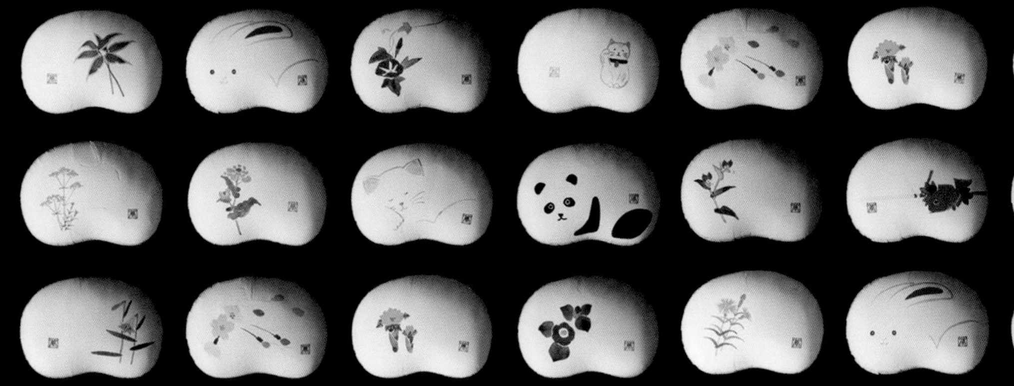

日本三大菓子処・金沢の愛され銘菓

まるでアートのような和菓子

有機大豆の炒り豆・みたらし豆
972円
金沢大野の醤油・砂糖・唐辛子でみたらしのタレの味に仕上げた炒り豆 F

黒豆しょこら
1080円 ※秋冬限定
黒豆甘納豆をビターなチョコでコーティング F

きんつば（5個入り）
972円
「きんつば」といえば中田屋というくらい、親しまれてきた一品 E

餡みつ（小豆餡1個、フルーツ瓶5個）
3564円 ※季節商品
豆の粒をつぶさないよう丁寧に炊き上げた餡子付きのあんみつ E

金沢みやげ パッケージもかわいい

しかくいもなか
216円
米飴を使った大納言小豆の餡を、サクッと軽い最中でサンド D

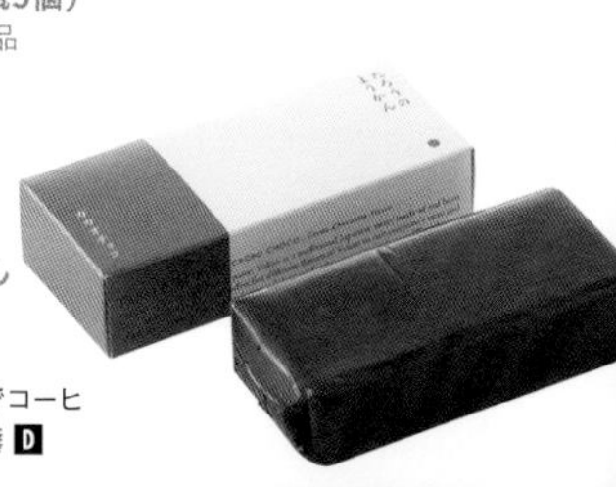

たろうのようかん「カカオチョコ」
324円
生チョコのような食感でコーヒーにも合うオシャレ羊羹 D

F まめや 金澤萬久 本店

MAP P.4E-2 ☎076-258-3366

所金沢市岩出町ハ50-1 ぶどうの森・本店敷地内 時9:30～19:00 休不定休 交バス停塚崎から徒歩5分 P140台

E きんつば中田屋 東山茶屋街店

MAP P.48E-2 ☎076-254-1200

所金沢市東山1-5-9 時9:00～17:00 休不定休 交バス停橋場町から徒歩3分 Pなし

D 茶菓工房たろう 本店

MAP P.4D-1 ☎076-213-7233

所金沢市増泉4-3-7 時9:00～18:00 休無休 交バス停泉本町から徒歩5分 P8台

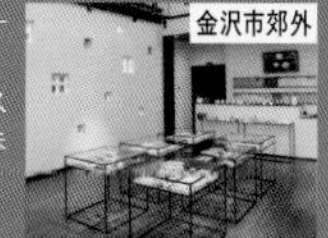

Photo／MARC AND PORTER

九谷五彩体験

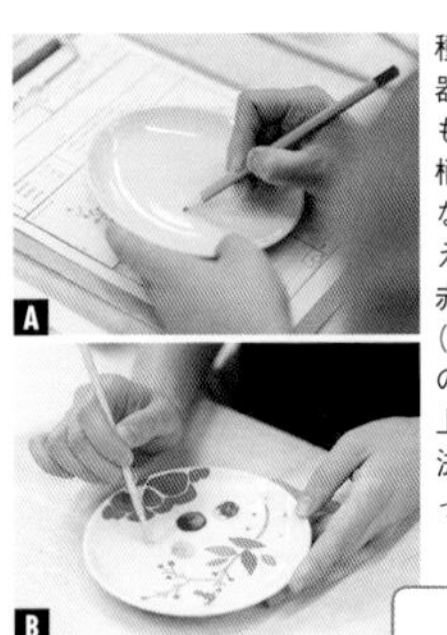

種類豊富な白い器からお好きなものを選び、図柄の見本帳を見ながら構図を考えていく A

赤・黄・紺青・青（緑）・紫の5色の絵具を使って、上絵付という技法で器に色を盛っていく B

体験データ
九谷五彩体験
90分 4100円～
土～月曜10:30～、14:30～の2部制※要予約

atelier&gallery creava（アトリエアンドギャラリー クリーヴァ）

MAP P.90A-1 ☎076-254-1668

所金沢市長町2-6-51 時10:30～17:00 休水・木曜 交バス停香林坊から徒歩10分 P3台

長町武家屋敷跡

Photo／MARC AND PORTER

Photo／MARC AND PORTER

旅の思い出をカタチに残す

伝統工芸体験でマイオリジナルを作る

せっかく金沢に来たならば、職人気分を味わって伝統工芸の世界に触れてみたいもの。

和菓子作り

できあがり！

和菓子職人が実演を交えて丁寧に指導してくれる人気体験

体験データ
和菓子手づくり体験
約40分 1700円（お買物券500円付）
平日13：00～1回、土日祝は10：00～15：00まで計4回開催
※12月はHP・電話で要確認

石川県観光物産館（いしかわけんかんこうぶっさんかん）

MAP P.26D-1 ☎076-222-7788

所金沢市兼六町2-20 時9:30～17:50（季節、曜日、天候により変更あり）休火曜（12～2月）交バス停兼六園下・金沢城からすぐ P3台

兼六園周辺

金箔貼り体験

できあがり！

シートを慎重にはがして完成！

絵はがきや手鏡など、選んだアイテムにシートを使って金箔を貼り付けていく

体験データ
箔貼り体験
約30分 1200円～
※予約優先制

かなざわ 美（び）かざり あさの

MAP P.48F-2 ☎076-251-8911

所金沢市東山1-8-3 時9:00～18:00 休火曜（祝日の場合は営業）交バス停橋場町から徒歩5分 Pなし

ひがし茶屋街

友禅染め体験

デザインが施されている型紙を使うので初心者でも安心

友禅作家になったつもりで彩色を！

体験データ
加賀友禅染め体験
手描き体験 2750円
型染め体験 1650円～

加賀友禅会館（かがゆうぜんかいかん）

MAP P.26E-2 ☎076-224-5511

所金沢市小将町8-8 時9:00～17:00 休水曜（祝日の場合は開館）交バス停兼六園下・金沢城から徒歩3分 Pなし

兼六園周辺

糀
756円
県産コシヒカリを杉桶で蒸し、石窯で製造 A

甘酒
810円
栄養抜群な甘酒の甘さに心も満たされる A

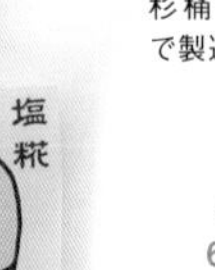

塩麹
648円
素材の旨みや甘みを引き出してくれる、万能調味料 A

A 高木糀商店

MAP P.48F-1
☎076-252-7461
所金沢市東山1-9-3 時9:00〜19:00 休無休 交バス停東山から徒歩3分 P4台

ひがし茶屋街

A

厳しい冬を乗り越えるために、
発酵食を暮らしに取り入れてきた
先人たちの知恵と技術の賜物。

発酵
ライスミルク
540円
醗酵による高い栄養価が得られ、アレルゲンゼロ! B

三年熟成
純米本味醂 福みりん
1650円
石川県産のもち米を使って仕込み、3年以上熟成 B

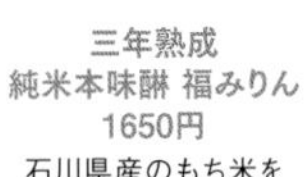

酒蔵の
グラノーラ酒粕＆ココナッツ
1242円
純米酒粕をグラノーラに B

B SAKE SHOP 福光屋 金沢店

MAP P.4D-1
☎076-223-1117
所金沢市石引2-8-3 時10:00〜18:00 休無休 交バス停小立野からすぐ P6台

金沢市郊外

B
C

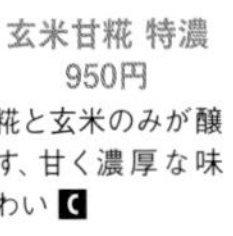

玄米甘糀 特濃
950円
糀と玄米のみが醸す、甘く濃厚な味わい C

魚醤 いしるだし
680円
能登に伝わる伝統発酵調味料のいしるを使った特製だし C

加賀棒茶
玄米甘酒
756円
金沢発祥の棒茶が豊かに香る甘酒 C

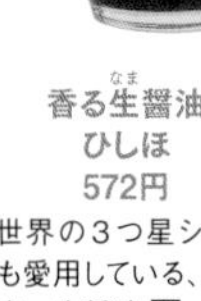
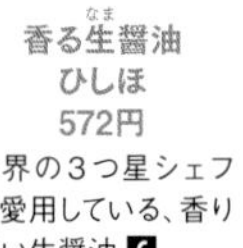

香る生醤油
ひしほ
572円
世界の3つ星シェフも愛用している、香り高い生醤油 C

C ヤマト醤油味噌 本店

MAP P.4D-2
☎076-268-5289
所金沢市大野町4-イ170 時10:00〜17:00 休水曜(祝日の場合は営業) 交バス停大野港から徒歩3分 P32台

金沢市郊外

酒の肴やご飯のお供にもぴったり

発酵食大国

金沢の食文化に不可欠な発酵食品

D 四十萬谷本舗（しじまやほんぽ）弥生本店（やよいほんてん）

MAP P.4D-1
☎076-241-3122
所金沢市弥生1-17-28 時9:00～18:00 休第1日曜 交バス停沼田町から徒歩5分 P7台

金沢市郊外

金城漬（大根、茄子、胡瓜）1080円
加賀糀味噌と加賀菊酒の酒粕に漬け込んだ一品 D

金澤ぴくろす 486円
黒酢が香る華やかな色合いが楽しいピクルス D

金城かぶら寿し 2160円
かぶに熟成させた天然鰤を挟んで糀で漬けた、金沢ならではの味覚 D

E 谷川醸造（たにがわじょうぞう）

MAP P.123C-1
☎0768-22-0501
所輪島市釜屋谷町2-1-1 時8:00～17:00 休土・日曜、祝日 交バス停釜屋谷からすぐ P3台

能登

能登のぽんず 756円
しいたけ醤油をベースにした、まろやかな味わいのポン酢 E

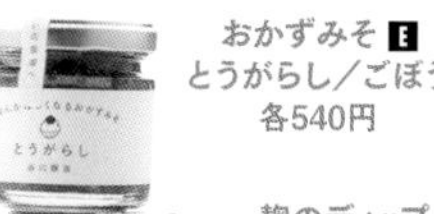

おかずみそ E
とうがらし／ごぼう 各540円

麹のディップソース E
糀／糀とごま 各540円

オリジナルのディップソースやおかずみそは、おみやげに大人気！

F あら与本店（よほんてん）

MAP P.4D-3
☎076-278-3370
所白山市美川北町ル-61 時9:00～18:00 休水曜 交JR美川駅から徒歩8分 P5台

白山市

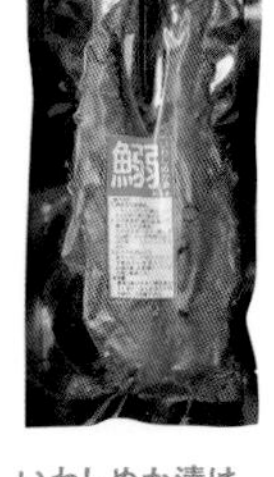

いわしぬか漬け 432円
アンチョビ代わりにピザやパスタに入れてもGOOD！ F

ふぐの子かす漬 1512円
石川でしか製造されていない、まさに禁断グルメ F

さばぬか漬 1080円
焼くと芳ばしくご飯にもよく合う一品 F

金沢庶民たちの普段のお茶

棒茶でひと息

地元で愛される加賀棒茶は、茶の茎の部分を焙じたもの。芳ばしい香りとさわやかな甘味は食事やスイーツと好相性。

棒ほうじ
540円
茎の芳しい甘みが上品な加賀棒茶 B

ミント緑茶
540円
ミントの爽快な香りが漂うハーブブレンドのお茶 B

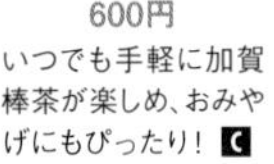

金箔入り 加賀棒茶 ティーバッグ
600円
いつでも手軽に加賀棒茶が楽しめ、おみやげにもぴったり! C

加賀棒茶 加賀かおり
600円
注文を受けてから封入するため、品質の高い茶葉が持ち帰れる C

献上加賀棒茶
1458円
一度飲むとその芳しい香りの虜になる人気商品 A

深炒り焙茶 BOTTO!(ボット)
756円
茶葉の個性を生かして強めに焙煎。ディープで奥行ある味わいと甘い余韻が魅力 A

献上加賀棒茶 ティーバッグ
756円
一番摘み茶の「茎」を浅く焙じたティーバッグは使い勝手もよく人気 A

C 天野茶店（あまのちゃてん）

MAP P.48E-2 ☎076-252-3489

所金沢市東山1-3-35 時9:00～18:00 休無休 交バス停橋場町から徒歩2分 P1台

ひがし茶屋街

B THE TEA SHOP CHANOMI（ザ ティー ショップ チャノミ）

MAP P.4D-1 ☎076-227-9400

所金沢市富樫2-8-24 時10:00～19:00 休水曜 交バス停泉丘高校前から徒歩5分 P18台

金沢市郊外

A 丸八製茶場 金沢百番街店（まるはちせいちゃじょう かなざわひゃくばんがいてん）

MAP P.5A-1 ☎076-222-6950

所金沢市木ノ新保町1-1 金沢百番街あんと内 時8:30～20:00 休施設に準ずる 交JR金沢駅内 Pなし

金沢駅周辺

C

B

手みやげに金沢の棒茶はいかが?

A

寄り道したい雑貨店

雑貨を探しに

トレンド・ヴィンテージ・ハンドメイド・北欧・日用品…。金沢には個性豊かな雑貨店が数多くラインナップ！

店主のセレクトが光る雑貨店を巡ろう！

A collabon（コラボン）

MAP P.49B-2
☎076-265-6273
所金沢市安江町1-14 時11:00〜18:00 休火・木曜 交バス停武蔵ヶ辻・近江町市場からすぐ Pなし

近江町市場周辺

カップ　各2310円
タンブラー　2200円
トレイ　4620円
素材感の違いも楽しい食器たち A

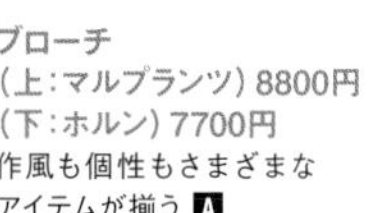
ブローチ
（上：マルプランツ）8800円
（下：ホルン）7700円
作風も個性もさまざまなアイテムが揃う A

B taffeta（タフタ）

MAP P.90C-3
☎076-224-3334
所金沢市新竪町3-115 時12:00〜19:00 休水曜、第2火曜 交バス停片町から徒歩10分 Pなし

新竪町商店街

ブローチ
各1万584円
刺繍作家の高さんが一つひとつ丁寧に刺繍したアイテム B

刺繍パネル
2万7000円
※作品により価格が異なる
インテリアとしても飾れる一点ものの刺繍パネル B

C niguramu（ニグラム）

MAP P.5A-2
☎076-255-2695
所金沢市高岡町18-13 時11:00〜19:00 休木曜 交バス停聖霊病院・聖堂から徒歩4分 P隣に有料Pあり

香林坊

稜花皿（貫入白磁）
3850円
昔ながらの型を使い、やわらかい白地に貫入を入れた九谷焼 C

kop, with handle
各4730円
外側は無釉薬、内側は透明釉で仕上げた質感が魅力のコップ C

買って、食べて、電車に乗るギリギリまで楽しめる！

金沢駅「あんと」おみやげ案内

(金沢百番街)

金沢駅構内にあるショッピングモール「金沢百番街」。

おみやげやおいしいグルメ店がたくさん集まった「あんと」、アパレルショップなどが集まった「Rinto」、スーパーや飲食店などが集まる「あんと西」の3つの施設が集まった「金沢百番街」。特におみやげ屋さんのラインナップがすごいので、帰りはちょっと早めに駅に立ち寄って買い物を楽しんでみるのもおすすめ。

目移りしてしまう、メイドインカナザワの和菓子

▶▶ 金沢を代表する81もの名店が金沢駅に集結！
▶▶ 定番だけど外せない老舗の逸品がズラリ
▶▶ おみやげでもらうとうれしいものばかり！

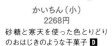

俵っ子棒付（4本入り）
615円
おこしあめを木の棒に付けた昔懐かしいあめ。子どもにも好評！A

月よみ山路 栗むし羊羹
1本 840円
葛を加え蒸し上げたもっちりとした食感の餡に、大粒の栗がぎっしり！B

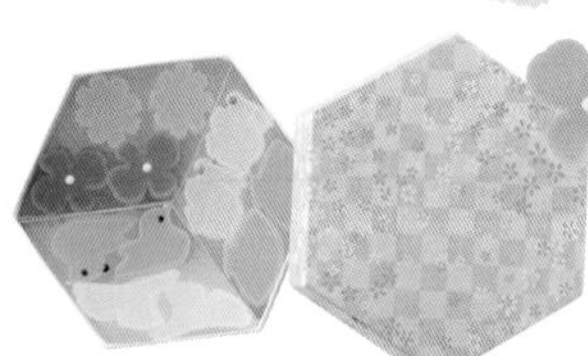

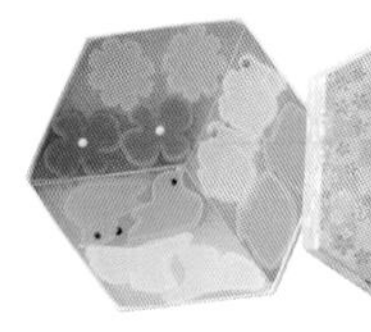

かいちん（小）
2268円
砂糖と寒天を使った色とりどりのおはじきのような干菓子 D

あんず餅
4個入り 1080円
豊潤な丸ごと蜜漬けあんずを白餡と羽二重餅で包んだ贅沢な味わい C

上品で美しい
多彩な名菓の宝庫！

黒糖ふくさ餅
1個 254円
求肥餅と丁寧に炊き上げたこし餡を、黒糖風味の焼皮で包んだ一品 E

羽二重
加賀れんこん餅
1個 237円
やわらかい羽二重餅に地物の加賀れんこんを練り込んだ人気のお菓子 F

金沢百番街（かなざわひゃくばんがい） あんと／あんと 西（にし）

MAP P.5A-1

所 金沢市木ノ新保町1-1 時 あんと/ショッピング8:30～20:00、お食事11:00～22:00 あんと 西/7:00～23:00 ※店舗により異なる 休 不定休 P 自社駐車場あり(2160円以上お買い上げで1時間30分駐車無料)

A あめの俵屋 B 百番銘華 松葉屋 C 菓匠 高木屋 D 石川屋本舗 E 和菓子 村上 F 歳時和菓子 越山甘清堂

華やかな**工芸品**をお持ち帰り！

▶▶ 加賀百万石の文化を受け継ぐ工芸品の数々
▶▶ 九谷焼や輪島塗まで県内の伝統工芸を網羅

旅の思い出に、金沢ならではの一品を

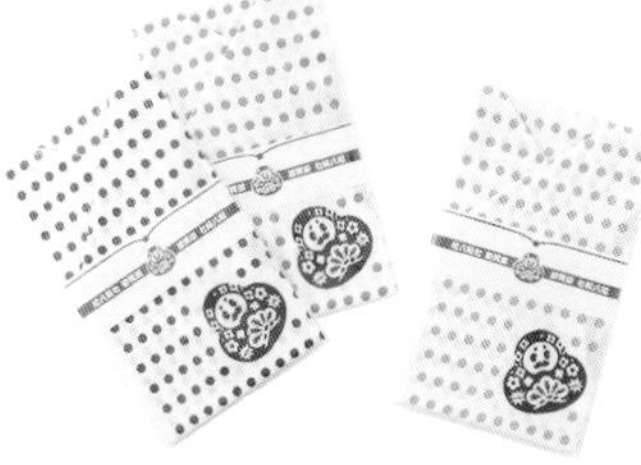

ひゃくまんさん手拭い
各880円
金沢みやげにぴったりの愛らしいひゃくまんさんグッズ A

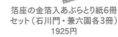

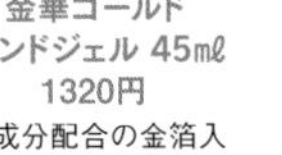

九谷焼 猫いっぱいマグカップ
4400円
石川の名産・九谷焼にカラフルな猫が描かれたキュートなマグカップ C

金華ゴールドハンドジェル 45㎖
1320円
美容成分配合の金箔入りハンドジェル。携帯しやすくギフトに最適 D

箔座の金箔入あぶらとり紙6冊セット（石川門・兼六園各3冊）
1925円
箔づくりの技を活かして作られた、天然素材のあぶらとり紙 B

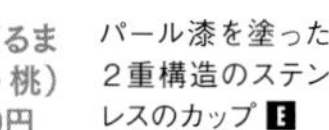

彩漆2重だるまカップ（青・桃）
1客 7700円
パール漆を塗った2重構造のステンレスのカップ E

A 金沢 わらじ屋 B 友禅工芸すずらん C 金沢九谷 高橋北山堂 D 箔一 E 百椀百膳 能作

金沢の**美味**をご飯のお供に

▼▼ 発酵王国 石川ならではの品揃え
▼▼ 酒の肴にもぴったり！

お酒がススム珍品揃い

ふぐ粕漬
1188円
天日干しにしたふぐを酒粕に3カ月間漬け込んだ、独特の上品な風味がたまらない一品 A

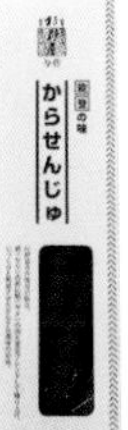

からせんじゅ
880円
からすみの風味とねっとり濃厚な舌触りが、酒のアテにぴったり！ C

金沢これいいじい シリーズ
648円～
焼き塩辛や鰤そぼろ山椒など、クセになるご飯のお供 B

鰤（ぶり）のたたき
100g 1080円
奥能登揚げ浜塩でたたきにしたあと、職人がすばやく炙り旨みを閉じ込めた人気商品 B

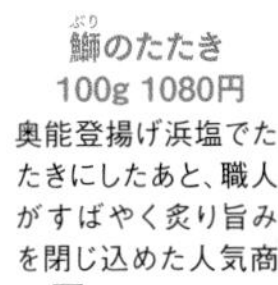

NoKA（9個セット）
4158円
農家が作る「こんか漬さば」や「梅干し」を詰めたセット D

極上ごり 100g
1242円
国産の新鮮な川魚・ごりを、こだわりの調味料で炊き上げた一品 E

info 日本酒の利き酒自販機がある！

あんと内の「金沢地酒蔵」では、珍しい地酒の自動販売機が設置されており、100円または300円で気軽に試飲ができるようになっている。

A 金澤北珍 肴の匠
B 鰤のたたき本舗 逸味 潮屋
C 杉野屋与作
D ぶった農産
E 金沢の味 佃の佃煮

金沢駅でいただける、金沢の**名物**

▶▶ 旅の始まりや終わりに気軽に立ち寄れる
▶▶ 金沢の人気店やソウルフードが一同に味わえる

これが名物！
野菜らーめん
726円
たっぷりの野菜と太麺がスープに程よく絡む

8番らーめん 金沢駅店

☎076-260-3731

国道8号線沿いで開業したことが店名の由来。強火で炒めたシャキシャキ野菜とコシの強い太麺を合わせた野菜らーめんは、石川県民のソウルフード。

時10:00～22:00(LO21:30)

これが名物！
会席 加賀友禅
7000円～
治部煮のほか、お造りや焼きものが付いたゴージャス膳※写真はイメージ

加賀屋 金沢店

☎076-263-2221

加賀・能登の旬な食材を使った会席料理から、治部煮をはじめとする石川の郷土料理まで、老舗旅館「加賀屋」の味とおもてなしが楽しめる。

時11:00～21:00(変動あり)

これが名物！
おでん一品
150円～
だしが染みた大根は必食の一品

季節料理・おでん 黒百合

☎076-260-3722

創業以来50年間、ずっと味を変えず、昔からのだしを継ぎ足しながら作った名物のおでんをはじめ、地元食材を使った一品や地酒も豊富に取り揃える。

時11:00～21:30(21:00LO)

これが名物！
利き酒セット
(3種飲み比べ)
1000円～
丁寧にお酒の特徴を説明してくれる

ISHIKAWA SAKE SHOP & BAR 金沢地酒蔵

☎076-260-3739

県内の酒蔵の銘酒が400以上揃っており、地酒バーも併設しているので、購入前に試飲することも可能。おつまみ付きの利き酒セットが人気。

時8:30～20:00(Barは11:30～)

これが名物！
八百屋さんのフルーツタルト
500円～
内容は季節ごとに異なる

八百屋のPalor Horita 205

☎076-222-2011

金沢の老舗青果店「堀他」が手掛けるパーラー。旬の果物をあしらったフルーツタルトや特製のクラフトジュースなど、全品テイクアウト可。

時7:00～20:00

これが名物！
おまかせ握り
2200円～
気軽に楽しめるセットからコースまで※写真はイメージ

鮨 歴々 金沢駅店

☎076-254-5539

名店「鮨みつ川」の姉妹店で、金沢で必ず訪れたい江戸前寿司の店。北陸の魚介を使った職人の技が光る本格的な寿司を、肩ひじ張らず味わえる。

時11:00～22:00(21:00LO)

電車で食べたい！ 絶品お弁当8選

▶▶ 北陸の食材をギュッと贅沢に凝縮したご当地弁当がずらり

▶▶ 能登牛やのどぐろなど石川の特産品がリーズナブルに味わえる

金沢笹寿しプレミアム
5ヶ入
1134円

芝寿し

☎076-261-4844

予約可 限定数あり

利家御膳
1300円

加陽金府 大友楼

☎076-260-6335

予約可 1日限定50食

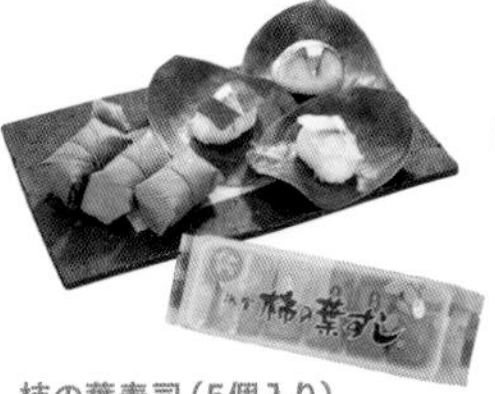

柿の葉寿司（5個入り）
鮭・鯖・鯛
756円

金澤玉壽司

☎076-223-3858

予約可 限定数なし

「高野商店」の
輪島朝市弁当
1100円

えきべん処金澤

☎076-235-2071

予約可 限定数なし

玄米ビビンバ丼
648円

すずめ

☎076-221-5011

予約可 限定数なし

あわびめし
1600円

鰤のたたき本舗 逸 味潮屋
金沢百番街店

☎076-222-0408

予約可 限定数あり

のどぐろ棒鮨
2600円

手押し棒鮨 舟楽

☎076-260-3736

予約可 限定数なし

ますのすし 一重
1700円

ますのすし本舗 源
金沢百番街 あんと店

☎076-223-8086

予約可 限定数なし

金沢駅構内図

金沢駅の賢い使い方

ショッピングから食事・おみやげ探しまで、なんでも揃っている金沢駅。便利なサービスも充実しているので、チェックしておこう！

●パンフレットを集める

まずは金沢駅にある「観光情報センター」へ。さまざまな観光パンフレットや地元のフリーペーパーがあるので、旅行の計画を立てるのに便利！

●重い荷物はロッカーまたはホテルへ。

歩いたりレンタサイクルを利用することが多ければ、荷物をホテルやコインロッカーに預けておくと便利！駅構内には、6カ所 約1000個のコインロッカーを完備。金沢駅観光案内所では、手荷物を駅から宿泊先まで配送するサービスも行っている。

●金沢ならではの粋なはからい。

雨や雪の多い金沢だからこそ、傘や長靴の無料貸し出しサービスもある。急な天候の変化には、ぜひ利用してみて。

加賀水引

金沢から生まれた雅な水引折型「加賀水引」

水引アイテム
600円〜
ご祝儀袋や水引を使った婚礼アイテムをはじめ、水引アクセサリーやストラップなど豊富に揃う

明治時代までは平面的な水引折型や細工が主流だった。大正4（1915）年に金沢の津田左右吉（つだそうきち）が、日本で初めて立体的で美しい「加賀水引」を考案したのが、現在の「加賀水引」の始まりといわれている。立体的な「加賀水引」の特徴は、ふっくらと華やかに「包む」、美しく「結ぶ」、贈る理由や送り先の名前を筆で「書く」の3つが基本。一つひとつ手作りで生み出す水引細工・折型はまさに芸術の域だ。約100年経った今でも初代津田左右吉の考案した折型や水引細工をベースに、4代目・5代目の若い感性が加わった多種多様な水引細工の数々を展開しており、現代の生活に合った形で提案しつつ伝統を守り続けている。伝統工芸である「加賀水引」はおみやげとしてもぴったりなので、あなたもお気に入りの水引細工を探してみてはいかが？

＼水引を使ったアクセサリー作りも体験できる！／

体験は2名〜12名様の団体のみ
料1430円〜 時月〜金曜の10：00〜15：00（1週間前までに要予約）

約100色ある色とりどりの水引から選んで、かわいいアクセサリー作りを体験。津田水引折型の水引細工は「あわじ結び」という結び方が基本となっており、アクセサリーもあわじ結びをベースに作っていく。

【結びのカタチコレクション】

金と銀の水引は結婚式や会社関係などかしこまった場に

カラフルな色合わせのものは、さまざまなシーンで使える

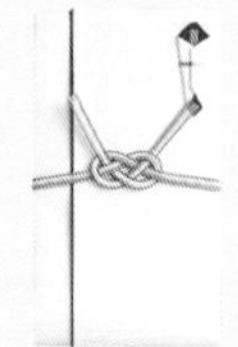

赤と白は出産祝いや入学祝いなどに

パステルカラーの水引は子どもにも喜ばれるのだそう

購入は店舗や百貨店にて
にし茶屋街
津田水引折型（つだみずひきおりかた）
MAP P.90B-3 ☎076-214-6363
所金沢市野町1-1-36 時10：00〜18：00（土曜は〜12：00）休日曜、祝日 交バス停広小路から徒歩3分 P2台

AREA
GUIDE

能登

エリア内の
アクセス

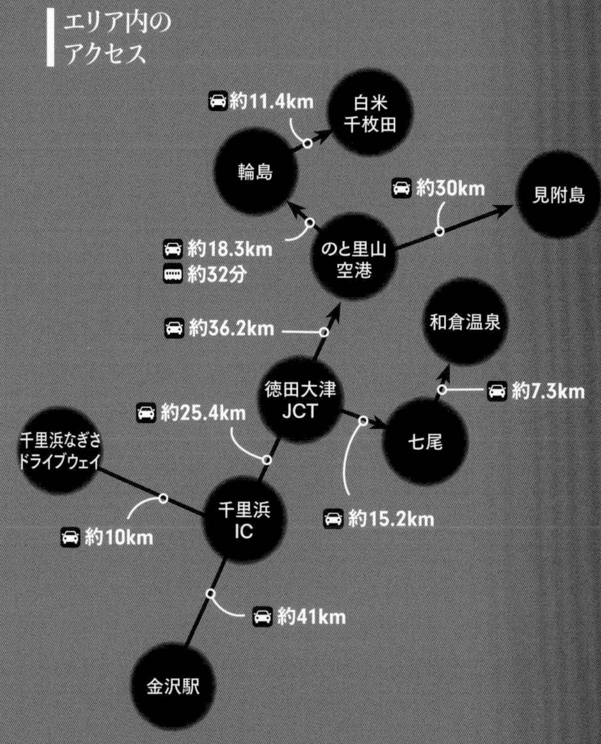

D
E
F
禄剛崎
スカイバードと青の洞窟 P.136
道の駅狼煙
珠洲岬
52
28
道の駅 すず塩田村 P.137
P.131 庄屋の館
P.131 御陣乗太鼓
曽々木海岸
曽々木
今新 P.131
249
1
P.128 白米千枚田
珠洲市
道の駅すずなり
P.131 寿司吉
吾妻橋西
6
道の駅 千枚田ポケットパーク
宝立山
鵜飼
26
見附島 P.136
松波・鵜島バイパス
恋路海岸
26
松波
57
57
6
道の駅桜峠
35
能登町
イカの駅つくモール
九十九湾海中公園
藤波
道の駅のと里山空港
のと里山空港
2
249
水町
34
北湾
富山湾
のとじま水族館 P.135
曲集落の黒瓦の家並み P.135
能登島
道の駅のとじま
ス美術館
P.135
能登島ガラス工房
登島
花嫁のれん館 P.133
鶏とまつば P.133
ICOU P.133
漆陶舗あらき P.133
鳥居醤油店 P.133
高澤ろうそく店 P.133
昆布海産物處 しら井 P.133
47
観音崎
3
大橋
七尾南湾
一本杉通り P.133
まいもん処 いしり亭 P.133
道の駅能登食祭市場 P.133
七尾駅
七尾線
160
七尾城山
道の駅いおり
尾
能越自動車道
氷見IC

能登
広域図 P.4
0 1.5 3km
日本海
P.137 輪島キリコ会館
P.142 輪島朝市
P.131 海幸
P.113 谷川醸造
輪島漆芸美術館
道の駅
P.137 間垣の里大沢
38
P.105,141 輪島キリモト・漆のスタジオ［本店］
1
外浦海岸
輪島市
浦上
51
健康の森
P.136 大本山總持寺祖院
本市
7
P.137 輪島市天領黒島 角海家
のと里山空港
1
道の駅赤神
P.131 幸寿し
穴水
琴ヶ浜
50
道の駅あなみず
穴水駅
能登金剛
越の原
義経の舟隠し
249
高爪山
51
別所岳SA
能登鹿島駅
のと里山海道
のと鉄道七尾線
ツインブリッジのと
P.139 てらおか風舎（富来本店）
中浜
西岸駅
道の駅とぎ海街道
横田
249
P.140 なまこや 海ごちそう
道の駅なかじまロマン峠
P.139 かき処 海
P.140 湯っ足りパーク 妻恋舟の湯
志賀町
能登中島駅
牛上
48
P.140 和倉温泉
P.132 巌門
P.140 和倉温泉加賀屋
能登金剛
三明
P.140 和倉温泉総湯
笠師保駅
田鶴浜駅
徳田大津
和倉温泉駅
P.140
徳田大津Jct
能登すしの庄 信寿し
花のミュージアム フローリィ
P.137 御手洗池
高田
36
P.132 JR七尾線観光列車「花嫁のれん」
249
3
七尾
46
棚田IC
道の駅ころ柿の里しか
西山
羽咋駅

こんなところ！【エリア別】

能登

思わず寄り道したくなるような能登の原風景を堪能！

豊かな自然や食材がギュッと詰まった魅力あるエリア

２０１１年に能登の里山里海として世界農業遺産に認定された能登半島には、日本の原風景ともいえる景色が広がり、まさに絶景スポットのオンパレード。風光明媚な景勝地も数多く点在し、金沢駅から能登の主要スポットまでは車があれば１日で周遊可能。南北に海岸線が続く能登は、ドライブにもってこいのスポットだ。また食材にも恵まれており、日本海の美味を余すことなく堪能できる能登丼など、ご当地グルメも外せない。２度目・３度目の石川旅なら、金沢とはまた違った魅力がある能登へ出かけてみてはいかが？

もっとディープに楽しむ旅

【こんな楽しみ方もあります】

ローカル線の観光列車で

七尾から穴水の区間を走る、のと鉄道観光列車「のと里山里海号」。車窓から、世界農業遺産にも認定された能登の里山里海の風景が存分に楽しめる。

絢爛豪華なキリコ祭りに参加！

日本遺産に認定された「能登のキリコ祭り」は、7月から9月中旬にかけて能登半島全域でなんと300回以上も行われている。人気のお祭りの日は宿もあっという間に満室になってしまうので、行く事が決まればすぐに宿の確保をしておくのがベター。

能登の春はノトキリシマツツジが満開

4月下旬～5月中旬に開花するノトキリシマツツジは深紅色の花びらが特徴的で、葉っぱが見えなくなるほど密集して咲く。オープンガーデンと呼ばれる個人の庭などを一定期間公開するイベントも開催しているのでチェックしてみて。

能登に来るなら冬がおすすめ！

加能ガニや真牡蠣・寒ブリなどの食や風情ある雪景色・温泉など、冬の能登は魅力がギュッと詰まった季節。運がよければ、奥能登の冬の風物詩である幻想的な「波の花」が見られることも。

ドライブしながらの移動がおすすめ！

【交通案内】

電車

金沢駅から和倉温泉までは、特急「能登かがり火」など1日6本運行しているJRでの移動も便利。

レンタカー

JR乗車券と駅レンタカーをセットで購入するとJR運賃が割引になるプランもあるのでおすすめ！

広いエリアだから…

【上手に巡るヒント！】

1 自由自在なレンタカーが最も便利

能登半島の交通の柱となっているのが、のと里山海道。金沢市から穴水町までの約90kmの距離を信号なしでアクセスでき、制限速度も70キロの区間が多いので時間短縮に！海岸沿いは砂丘地帯で、黒松やニセアカシアの並木を縫い、ところどころで日本海が一望できる“シーサイドライン”コース。山間部は、丘陵地を抜け、別所岳サービスエリア付近では、七尾湾や能登島が一望できる緑豊かな“スカイライン”コースになっている。鉄道や路線バスでのアクセスが少し不便な能登巡りには、車は必須だ。

2 奥能登エリアは、定期観光バスを利用

特に奥能登エリアは距離も遠く、入り組んだ道なども多いので、運転に少し不安がある場合は、定期観光バスがおすすめ。和倉温泉から毎日運行している「のとフライト号」は、空席さえあれば当日でも乗車可能。輪島朝市や白米千枚田、南惣美術館、見附島など、多くの見どころを押さえた内容盛りだくさんのコースだから、利用してみる価値あり。（料金/大人3300円）

3 地元を知りつくした運転手がナビゲートしてくれる

観光タクシーで！

羽咋や七尾・中能登エリアが観光できる「能登どまん中観光ガイドタクシー」や、奥能登エリアを専門でガイドしてくれる「notoいろタクシー」なら、能登を知りつくした認定ドライバーが安全・安心な旅をご案内。
地元ならではのエピソードが聞けたり、ガイドブックには載っていない穴場スポットを紹介してくれる事も！（料金：「notoいろタクシー」「能登どまん中観光ガイドタクシー」ともに、1時間あたり小型/5100円、中型/5700円、大型/6700円、特大/7700円※変動の可能性あり）。

食べ歩きや買い物が楽しめる日本三大朝市のひとつ
2 輪島朝市

BEST 絶景

平安時代から続き、毎朝約160の露店が並ぶ朝市では、とれたての野菜や魚介・干物や珍味などの加工品を購入することができる。「こうてくだい！」と呼びかける元気のいい女店主たちとの会話も旅の楽しみのひとつ。

絶景ナビ
輪島朝市 ▶P.142

1000枚を超える棚田の幾何学模様が作る芸術作品
1 白米千枚田

BEST 絶景

海に面した急斜面に作られた棚田。季節や時間でさまざまに表情を変え、特に夕日に染まる時刻は息をのむ美しさ。夜はイルミネーションに包まれた「輪島・白米千枚田あぜのきらめき」で、光の海を散策してみては（10月中旬～3月中旬開催）。

絶景ナビ
白米千枚田 ▶P.128

ご注意を

連続するカーブには要注意！
能登の海岸線は急カーブも多く、ハンドル操作には注意を！すれ違いが難しい狭い道や住宅が集まっているエリアもあるので、ゆっくり安全に走ろう。

コンビニやガソリンスタンドが少ない
海と山に囲まれ、漁業や農業が盛んでのどかな地帯が広がる能登は、コンビニやガソリンスタンドの数も少なめ。燃料の補充は見つけたときにしておこう。

能登の旅の情報が充実！
のと里山空港内の「能登の旅 情報センター」には、能登の見どころを紹介してくれるコンシェルジュが常駐。パンフレットなども充実しているので、気軽に相談を。

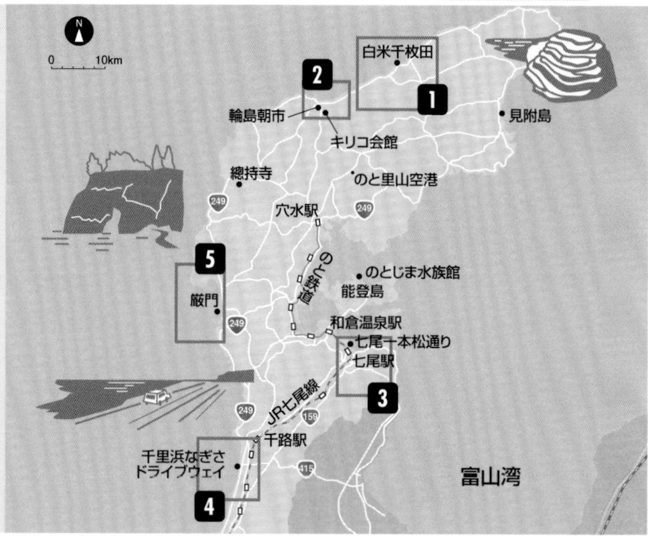

変化に富んだ奇岩風景が見られる
5 能登金剛

長い年月を経て、日本海の荒波により侵食された能登有数の景勝地。巌門・関野鼻・機具岩・吹上滝・ヤセの断崖・増穂浦・玄徳岬など、約30kmにわたって奇岩・奇勝・断崖が連続する海岸沿いは見どころも多数！

絶景ナビ
巌門 ▶P.132

BEST 絶景

爽快に海沿いをドライブ！
4 千里浜なぎさドライブウェイ

約8kmにわたって砂浜を自動車で走ることができる天然の海岸道路「千里浜なぎさドライブウェイ」。今浜ICや千里浜ICで下車すれば、すぐに海岸に出られる。

▶P.130

BEST 絶景

歴史を物語るノスタルジックな通り
3 一本杉通り

600年以上の歴史がある古い商家が立ち並ぶ石畳の通りには、和ろうそくや海産物・醤油など、を扱う趣ある店が集まっている。「花嫁のれん館」では、美しい婚礼の風習である花嫁のれんくぐり体験もできる。

▶P.133

BEST 絶景

風光明媚な絶景をドライブで巡る 能登ハイライトプラン

1日コース 車で

絶景ナビ　輪島朝市～白米千枚田～總持寺祖院～巌門～千里浜なぎさドライブウェイ

日本海に囲まれ、外浦と内浦で異なる景色を見せる能登。能登特有の絶景は、胸の奥底に眠る日本の郷愁感を揺さぶってくるだろう。

START

JR金沢駅前

車で75分

8:00 能登ならではの人情に触れて 輪島朝市

新鮮な山海の幸をはじめ、加工海産物や農産物、工芸民芸品など、能登の特産物がずらりと並ぶ大規模朝市。地域の人との交流も朝市ならではの醍醐味だ。

▶P.142

元気でパワフルなおばあちゃんたちに、ぜひ話しかけてみて

徒歩3分

朝市通りにある「朝市さかば」でリーズナブルに朝食を。能登の魚介を刺身や焼きで味わえるが、注目は「串刺身」。食べ歩きできて旅行客にも人気！

車で5分

9:30 華麗にして圧倒的なキリコ 輪島キリコ会館

絶景ナビ

能登の「キリコ祭り」の文化に通年触れられるミュージアム。館内には祭り囃子が流れ、大小のキリコを多彩な角度で楽しめる。大松明、御陣乗太鼓も必見。

▶P.137

迫力あるキリコは、大小合わせて30基を展示

車で20分

10:30 日本農業の聖地を間近に 白米千枚田

1004枚もの棚田が幾何学模様を描いて海岸まで続き、日本の原風景を今に伝えている。世界農業遺産「能登の里山里海」、日本の棚田百選、国指定文化財名勝。

▶P.128

季節や時間帯によって、さまざまな表情を見せてくれる

車で15分

11:30 ランチは個性豊かな丼で決まり！ 能登丼

絶景ナビ

珠洲市・奥能登・輪島市・能都町・穴太町の店舗で提供される能登丼。海の幸や能登牛など、バラエティ豊かな奥能登の美味が満載！

▶P.131

写真は輪島市の海幸で提供される輪島ふぐ丼白子のせ

車で30分

13:00 威厳と風格を今に伝える祖院 大本山總持寺祖院

絶景ナビ

曹洞宗の大本山として鎌倉時代に創建。明治時代に本山が横浜市へ移るも、禅の名刹として現在も多くの僧が修行に励む。中庭と伽藍とのコントラストの荘厳美は必見。

▶P.136

参禅体験も行っているので、詳しくは問い合わせを

車で10分

ⓘ街歩きナビ

金沢から輪島まで無料の自動車専用道路「のと里山海道」で楽々アクセスできる。能登はひとつひとつのスポット間の距離があるものの、日本の原風景のようなのどかな景色が多いので、移動も旅の醍醐味として楽しめるだろう。

最初に訪れる「輪島朝市」は昼近くまで行われているが、やはり朝のうちに訪れるのがベター。ここで見られるように、能登の暮らしは魚や野菜を保存食にしたり、稲穂を刈り取って餅を作ったりとごく当たり前のもの。キリコ祭りも白米千枚田も長い時間をかけて先人たちが作ってきたものだ。のんびり巡りたいノスタルジックな風景と暮らしが待っている能登へ、いざ！

輪島市黒島地区は、国の重要伝統的建造物群保存地区になっている。黒瓦・格子・下見板張りという家が並び、高台から見る町並みは海と空の青とあいまって美景。

車で40分

14:45 能登金剛を代表する迫力の景観
巌門（がんもん）

絶景ナビ

海に突き出た岩盤、荒波の浸食によって開いた洞門が織りなす景観は、自然がつくり上げた芸術。遊覧船から洞門を眺めると、その迫力に息をのむ。

▶P.132

車で20分

日本小貝三名所のひとつである増穂浦海岸では、11〜3月にかけて貝寄せの風が吹き、可憐な桜貝が拾える。全長約460mの世界一長いベンチもチェック！

車で20分

16:30 能登と羽咋の魅力が集まる
道の駅のと千里浜（ちりはま）

千里浜海岸のすぐそばという立地で、ショップからレストラン、ベーカリー、地域情報、足湯と多彩に揃う。食事はもちろん、能登と羽咋の特産品も充実。

▶P.130

車で3分

17:00 車で訪れたいスポットNo.1！
千里浜（ちりはま）なぎさドライブウェイ

絶景ナビ

波打ち際を車でドライブできる世界でも珍しい海岸で、バイクの走行も可能。海でとれた魚貝類が味わえる浜茶屋や貝売店もあり、夏は海水浴などで賑わう。

▶P.130

車で50分

GOAL
18:00 金沢駅前

option もう1日あれば奥能登へ

能登半島最北部には見附島や恋路海岸、禄剛崎灯台など物語性のあるスポットが多い。感度の高いカフェも多数。

能登 名所ナビ 絶景

海に面した斜面に
1004枚もの田が連なる

稲刈りの時期は、黄金色に実った稲穂と海の青の絶妙なコントラストが楽しめる

1 絶景ナビ 能登
白米千枚田(しろよねせんまいだ)

MAP P.122D-1 ☎0768-23-1146（輪島市観光課）

2011年6月、日本で初めて世界農業遺産に認定された「能登の里山里海」を代表する棚田。日本海に向かってなだらかに広がる棚田はまさしく絶景。四季はもちろん、一日の中でも細やかに異なる景観は郷愁を誘う。

所輪島市白米町ハ99-5 交のと里山海道のと里山空港ICから車で40分 P51台

新しい発見！白米千枚田のヒミツ

約4haという少ない範囲に作られた棚田。耕運機も入らない狭さのため、米作りは手作業だ。

あの有名人もオーナー？

田を1枚借りる「白米千枚田オーナー制度」には小泉進次郎や永井豪も参加

最小サイズは？

水田1面あたりは約18㎡で、最小サイズはなんと約0.2㎡

高低差はどのくらい？

高低差50mほどの斜面に展開。棚田内の歩道を歩いてみると勾配に驚く

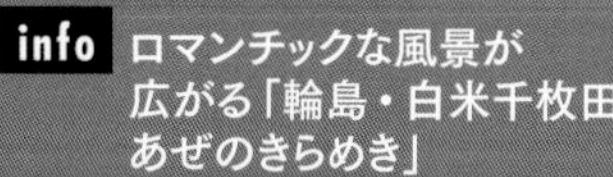

info ロマンチックな風景が広がる「輪島・白米千枚田 あぜのきらめき」

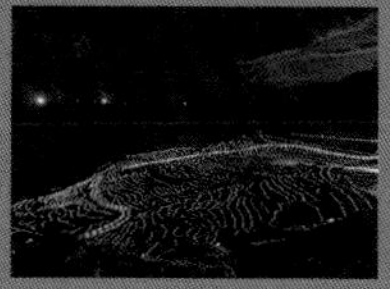

10〜3月頃は2万5千個のソーラーLEDが棚田を毎晩彩る。この時期だけの幻想的な夜景だ。

能登の里山里海を代表する景観！

絶景ナビ

能登

2 千里浜なぎさドライブウェイ

MAP P.4E-2

☎0767-29-8250
(宝達志水町商工観光課)

☎0767-22-1118
(羽咋市商工観光課)

☎0767-22-1225
(羽咋土木事務所)

海も空も近くに感じられる浜辺のドライブウェイ。きめ細かな砂が海水を含んで引き締まって硬くなるため、車の走行が可能になっている。

所宝達志水町～羽咋市 交のと里山海道今浜IC・千里浜ICから車で10分　※天候等により進入規制を行う場合あり。

約8㎞に及ぶ、砂浜を走行するドライブウェイ！

天然のドライブウェイで、夏期間のみ砂浜に道路標識が立つ

波打ち際ギリギリまで走行できるのは、全国でも珍しい

「道の駅のと千里浜」に寄り道！

千里浜海岸そばにある道の駅。米や塩など能登特産の食品が揃い、外には足湯もある。

MAP P.4E-2

爽やかな白色と農産物を生む土の色をテーマカラーとした建物

能登産さつまいもの旨味が凝縮。能登紅はるかチップス378円

黒蜜きなこ、宇治抹茶など種類豊富なもちまんじゅう。おだまき216円

能登産いのししの旨味に野菜だしが効いたのとししカレー680円

3 絶景ナビ

能登

御陣乗太鼓

MAP P.122D-1 ☎0768-34-8282

古くから伝わる郷土芸能。戦国時代、上杉軍勢に対し鬼や亡霊の面に海藻の髪を振り乱しつつ太鼓を打ち鳴らす奇襲で追い払った伝承がある。

所輪島市名舟町 料公演内容によるため要問合せ。時期により輪島キリコ会館で無料公演あり

味も見た目もバラエティ豊かな能登丼!

奥能登の豊かな食文化がこの一杯に。珠洲市・輪島市・能登町・穴水町の店舗で提供!

能登牛ステーキ丼 3080円 (庄屋の館)

やわらかくてジューシーな能登牛を贅沢に使用!

MAP P.122D-1

輪島ふぐ丼白子のせ 2200円 (海幸)

プリプリ食感の輪島ふぐの刺身と白子を満喫

MAP P.123C-1

至福の幸箱丼 5500円 ※11月～1月末 (寿司吉)

香箱ガニ3杯分をたっぷり堪能できる!

MAP P.122E-1

能登穴子丼 1700円 (今新)

天ぷらにした1本穴子をのせた豪快丼ぶり

MAP P.122D-1

4 絶景ナビ

能登

能登丼

☎0768-62-1420
(能登丼事業協同組合事務局)

奥能登産のコシヒカリと水、そして地場の海の幸や伝統保存食をふんだんかつヘルシーに。器や箸も能登産を用いた丼は、各店舗の個性が光る。

二代目 能登穴水海鮮丼 4000円 (幸寿し)

旬のネタをはじめ、珍味などもふんだんに盛り込んだ一品

MAP P.123C-2

奇岩や断崖絶壁が連なる
能登金剛のハイライト

5 絶景ナビ 巌門（がんもん）

能登

MAP P.123B-3 ☎ 0767-42-0355
（志賀町観光協会）

安藤広重が「六十余州名所図会」に描いたほどの迫力ある景観。長い年月をかけて波などの浸食でできた巨大な洞門を、間近で見ることも可能。

所志賀町富来牛下 交のと里山海道西山ICから車で20分 P100台

荒波に削られ穴が開いたのだとか…

info 遊覧船で巌門を間近に！

能登金剛・巌門の絶景を雄大な遊覧船で巡る、約20分間の船旅。1400円。

能登随一の景勝地・能登金剛を巡ろう！

能登半島国定公園内で、福浦港から関野鼻までの海岸を指す能登金剛。荒波が削り出した奇岩が連なっている。

機具岩（はたごいわ）

神が残した置き土産伝説を持つ岩。能登屈指の夕焼けスポット

旧福浦灯台（きゅうふくらとうだい）

現存する日本最古の木造灯台。夏季・冬季にライトアップされる

義経の舟隠し（よしつねのふなかくし）

追手から逃れ奥州へ下る源義経が舟を隠したと伝えられる入り江

ヤセの断崖（だんがい）

松本清張の『ゼロの焦点』の舞台にもなった断崖絶壁の景勝地

info 車内で石川の美食を満喫！

大友楼の和軽食や、辻口パティシエのスイーツなど美味揃い

和装アテンダントによるおもてなしも必見！

6 絶景ナビ JR七尾線観光列車「花嫁のれん」（ジェイアールななおせんかんこうれっしゃ「はなよめのれん」）

能登

MAP P.123C-3 ☎ 0570-00-2486(有料)
（JR西日本 お客様センター ※時刻・運賃等、6:00～23:00）

花嫁の幸せを願う伝統文化「花嫁のれん」の名を冠した、金沢から七尾・和倉間を結ぶ観光列車。

運転区間：金沢、羽咋、七尾、和倉温泉
料金：金沢～和倉温泉間2900円※通常期（乗車券1410円、指定席特急券1490円）

600年以上の歴史を持つ七尾にある街道

一本杉通り、てくてくさんぽ

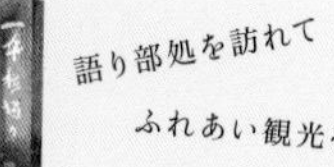
語り部処を訪れて
ふれあい観光を！

風情を醸し出す歴史ある商店街

奥能登へ向かう街道筋として栄えた一本杉通り。室町時代から続く歴史あるこの通りには、ろうそく店や醤油屋、昆布屋など、伝統的な製法を守り続けている老舗が軒を連ねる。語り部処ののれんがかかっている店では、主人や女将さん、おばあちゃんたちが、七尾の歴史やお店のことを話してくれたり体験もできる。

A 鶏とまつば

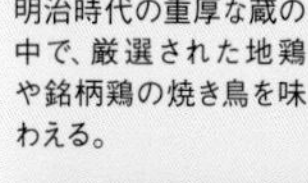

MAP P.122D-3
☎0767-88-9013
所七尾市松本町93-1 時18:00～LO22:30(23:00) 休火曜 交JR七尾駅から徒歩12分 P8台

明治時代の重厚な蔵の中で、厳選された地鶏や銘柄鶏の焼き鳥を味わえる。

B 漆陶舗あらき

嘉永年間創業、輪島塗や九谷焼などの石川の伝統工芸品が多数揃う。輪島塗の沈金体験も開催。

MAP P.122-D3 ☎0767-52-4141
所七尾市一本杉町4 時9:00～18:00 休火曜 交JR七尾駅から徒歩5分 P6台

C 花嫁のれん館

加賀・能登・越中の婚礼文化である花嫁のれんを多数展示。花嫁のれんくぐり体験も可能。

MAP P.122D-3
☎0767-53-8743
所七尾市馬出町ツ部49 時9:00～最終入館受付16:30(17:00) 休12月29日～1月3日 料550円 交JR七尾駅から徒歩8分 P50台

D ICOU

老舗酒造を改装した、地元の味が量り売りのビュッフェスタイルで楽しめるダイニング。

MAP P.122D-3 ☎0767-57-5797
所七尾市木町1-1 時11:30～LO17:30 休火・水曜 交JR七尾駅から徒歩10分 P5台

E 鳥居醤油店

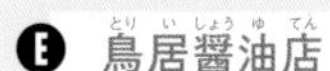

地元の素材を用いて丁寧に手作りされた醤油やだしつゆ、味噌などが並ぶ。

MAP P.122D-3
☎0767-52-0368
所七尾市一本杉町29 時9:00～18:00 休木曜 交JR七尾駅から徒歩8分 P2台

F 高澤ろうそく店

石川県の希少伝統工芸品「七尾和ろうそく」の老舗。ゆらぐ灯りに癒されて。

MAP P.122D-3
☎0767-53-0406
所七尾市一本杉町11 時9:00～19:00 休第3火曜 交JR七尾駅から徒歩5分 P2台

G 昆布海産物處 しら井

海の森からの贈り物
海藻が織りなす
美しい
万華鏡模様例
海藻おしば協会

昆布や海産物が豊富に揃う。能登の海藻万華鏡作り体験(5名～、要予約)が人気。

MAP P.122D-3 ☎0767-53-0589
所七尾市一本杉町100 時9:30～18:00 休火曜 交JR七尾駅から徒歩8分 P5台

info 一本杉通り近くのグルメスポットもチェック！

まいもん処 いしり亭

MAP P.122D-3
☎0767-52-8900

郷土料理「いしりの貝焼き」は必食。
所七尾市生駒町16-4 時11:00～14:00 休水曜 交のと里山海道上棚矢駄ICから車で25分 P4台

道の駅能登食祭市場

MAP P.122D-3
☎0767-52-7071

持ち込み可の浜焼きコーナーが人気。
所七尾市府中町員外13-1 時9:00～18:00 休火曜(祝日は営業、7月～11月は無休) 交のと里山海道上棚矢駄ICから車で30分 P250台

チェックして おきたいスポット

ジンベエザメ館 青の世界

水量1600トンを誇る巨大水槽の中で、ジンベエザメを展示

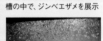

マダイの音と光のファンタジア

ピアノの音に合わせて、マダイの群れが泳ぐ

イルカ・アシカショー

ハイジャンプなど、トレーナーと息の合ったショーが好評！

なぜ、能登の屋根瓦は黒くて光っているのか？

諸説はあるものの、雪の多い能登地区で、"屋根の上に積もった雪が早く溶けて滑り落ちやすいように…"という先人の知恵から、日光を吸収しやすく滑りやすい、黒く艶のあるものになったという説が有力。

絶景ナビ 8 能登

能登島ガラス工房

MAP P.122-D-3
☎0767-84-1180

自然豊かな能登島でガラス体験ができる、家族連れに人気のスポット。吹きガラスなどさまざまなオリジナルアイテムが制作できるだけでなく、併設のショップではガラス作家オリジナルの作品も購入可能。

所七尾市能登島向田町122-53 時9:00～17:00 休無休 料吹きガラス体験 3850円～ 交和倉温泉から車で20分 Pあり

絶景ナビ 7 能登

のとじま水族館

MAP P.122-D-3
☎0767-84-1271

能登半島近海にすむ魚を中心に、約500種の生きものを飼育。一番人気の「イルカ・アシカショー」をはじめ、プロジェクションマッピングで海中散歩しているような臨場感が味わえる「のと海遊回廊」など見どころが満載！

所七尾市能登島曲町15部40 時9:00～17:00 3/20～11/30 9:00～17:00、12/1～3/19 9:00～16:30 ※入場は閉館の30分前まで 休12/29～31 料1890円 交和倉温泉から車で20分 P1100台

何気ない普段の景色に癒される

絶景ナビ 9 能登

曲(まがり)集落の黒瓦の家並み

MAP P.122-D-3 ☎0767-84-1110

艶やかに表面がきらきらと光り輝く、能登の屋根瓦。もともと能登半島は瓦の産地でもあり、「能登瓦」は名を馳せてきた。この美しく黒で統一された風景は、写真撮影スポットとしても人気。

所七尾市能登島曲町

10 絶景ナビ 見附島（みつけじま）

能登

MAP P.122E-1 ☎0768-82-7776（珠洲市観光交流課）

その形から別名"軍艦島"とも呼ばれる、珪藻土でできた高さ28mの巨大な島。引き潮時には島の近くまで歩いていける刺激的な体験も。

所珠洲市宝立町鵜飼 交のと里山空港から車で40分 P200台

海にそびえ立つ周囲約300mの無人島

11 絶景ナビ 大本山（だいほんざん）總持寺祖院（そうじじそいん）

能登

MAP P.123B-2

☎0768-42-0005

明治の大火災で本山を横浜市鶴見へ移すまで、永平寺とともに曹洞宗の大本山として栄えてきた。現在は祖院として威厳と風格を今に伝えている。

所輪島市門前町門前1-18甲 時8：00～17：00 休無休 料500円 交のと里山海道穴水ICから車で20分 P20台

大本山の面影を感じる幽玄さ！

12 絶景ナビ スカイバードと青の洞窟（あおのどうくつ）

MAP P.122F-1 ☎0768-86-8000 能登

複雑な入り江のため長らく未踏の地だった、能登先端の珠洲岬。この岬を空中から望む展望台「スカイバード」からの眺めは神聖で雄大！

所珠洲市三崎町寺家10-13 時8：30～16：30（季節により変動あり）休無休 料スカイバードと青の洞窟との共通券1500円 交のと里山海道のと里山空港ICから車で60分 P114台

「聖域の岬」もこの地域内！

info 青の洞窟へも行ってみよう

トンネルの先にある青の洞窟はタイミングが合えば、美しい青に染まる。

絶景ナビ 13 能登

輪島(わじま)キリコ会館(かいかん)

MAP P.123C-1 ☎0768-22-7100

キリコと呼ばれる大きな奉燈（御神燈）や、資料などを常設展示。7〜10月の祭り期間外でも豪快で華麗なキリコ祭りの雰囲気が体感できる。

所輪島市マリンタウン6-1 時9：00〜17：00 休無休 料630円 交輪島朝市から徒歩5分 P37台

info そもそも、キリコ祭りとは何？

キリコが威勢のいい掛け声とともに町を練り歩く、能登特有の祭礼の総称。

絶景ナビ 14 能登

間垣(まがき)の里大沢(さとおおさわ)

MAP P.123C-2 ☎0768-36-2001（西保公民館）

輪島市大沢地区で見られる垣を「間垣」という。冬の烈風から家屋を守るため、集落を取り囲むように設置されている。

所輪島市大沢町、上大沢町 交輪島市街地から海沿い県道38号線を進み約30分、竹で覆われた集落が目印 P大沢町 約20台/上大沢町 約10台

絶景ナビ 15 能登

道(みち)の駅(えき) すず塩田村(えんでんむら)

MAP P.122E-1 ☎0768-87-2040

古来より伝わる「揚げ浜式」による塩作りの資料館。日本でここでしかできない塩田体験（要予約）に挑戦しよう。

所珠洲市清水町1-58-1 時9：00〜17：00（12〜2月は〜16：00） 休無休 料資料館100円 交のと里山空港から車で45分 P30台

絶景ナビ 16 能登

輪島市天領黒島(わじましてんりょうくろしま) 角海家(かどみけ)

MAP P.123B-2 ☎0768-43-1135

幕府直轄の天領地として栄えた黒島地区。母屋や土蔵には当時の船道具や豪華な家財道具が展示されている。

所輪島市門前町黒島町ロ94-2 時9:00〜最終入館16:30（17:00） 休月曜（祝日の場合は翌日） 料320円 交のと里山空港から車で30分

絶景ナビ 17 能登

御手洗池(みたらしいけ)

MAP P.123C-3 ☎0767-53-8424（七尾市役所交流推進課）

緑深い地にあり「赤倉神社のお池」とも呼ばれ、伝説が多数残る霊泉。環境省の名水百選に選ばれている。

所七尾市三引町 交のと里山海道上棚矢駄ICから車で30分

能登グルメ

名物のワケ

暖流と寒流がぶつかる能登半島は、海の幸の宝庫。ミネラルたっぷりな土で育った能登野菜など、能登の気候風土がおいしい食材を生み出している。

グルメを抜きに、能登の旅は語れない！

里山里海の幸に恵まれた能登は、春夏秋冬いつ訪れてもおいしい食材が豊富。加能ガニや能登ふぐ、輪島海女どれあわびに能登牡蠣・能登牛と、挙げ出したらキリがないほど。特に冬場は、主役級の海の幸が豊富に揃い踏み。

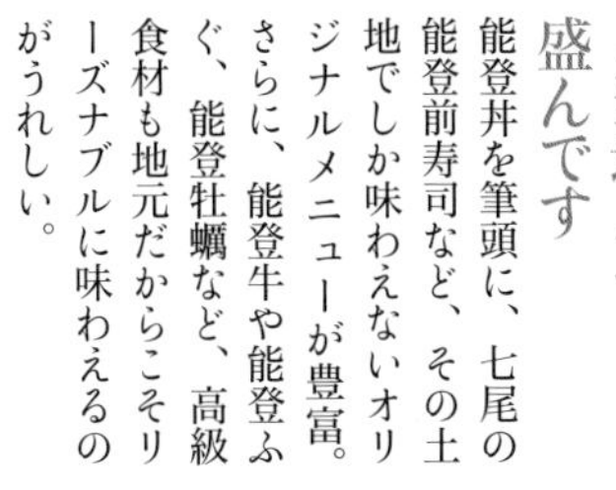

ご当地メニューも盛んです

能登丼を筆頭に、七尾の能登前寿司など、その土地でしか味わえないオリジナルメニューが豊富。さらに、能登牛や能登ふぐ、能登牡蠣など、高級食材も地元だからこそリーズナブルに味わえるのがうれしい。

能登丼 写真は「能登前 幸寿し」

能登牛の匠 ステーキ重 3850円

能登丼（のとどん） 能登

☎0768-62-1420
（能登丼事業協同組合事務局）

奥能登の46店舗で食べられる個性豊かなご当地丼。奥能登産のコシヒカリや水のほか、メイン食材には地場でとれた旬の魚介類や能登で育まれた肉類・野菜、地元産の伝統保存食を使用。能登産の器や箸にまでこだわった、能登づくしな一品。（http://www.okunoto-ishikawa.net）

てらおか風舎（ふうしゃ）（富来本店（とぎほんてん））

MAP P.123B-3 能登
☎0767-42-2941

能登牛は石川で飼育されているブランド牛で、年間出荷頭数が1000頭ほどと希少。

所 羽咋郡志賀町富来領家町イの30 時 11：00～LO14：30、17：00～LO20：00 休 火曜、月・水曜夜 交 のと里山海道西山ICから車で20分 P 20台

能登前寿し 2750円

寿司

のとふぐ 写真は「ねぶた温泉海游能登の庄」

炭火焼がき 1400円

のとふぐ 能登

☎0767-62-1165
（のとふぐ事業協同組合）

天然のふぐの漁獲量日本一を誇る、能登の新名物！身が締まった上品な味わいが特徴で、能登の各地でブランドふぐを堪能することができる。（http://www.notofugu.com/）

すし王国能登七尾（おうこくのとななお）

☎0767-62-0900 能登
（一社 ななお・なかのとDMO）

「天然のいけす」と呼ばれるほど、多種多様な魚介類が水揚げされる七尾湾。そんな新鮮な地物食材を握りにした「能登前寿し」が、一律2550円で食べられるクーポンを販売中！加盟店の詳細はHPをチェック（http://www.su-si.net/）。

かき処（どころ） 海（かい） 能登

MAP P.123C-3
☎0767-66-1594

ぷりぷりな能登牡蠣は、クリーミーでとにかく濃厚！夏は岩がきを1個800円程度から楽しめる。

所 七尾市中島町浜田ツ-21 時 10：45～14：00 休 木曜 交 のと鉄道能登中島駅から徒歩15分 P 15台

能登【絶景名所ナビ】

info 旬の味覚が味わえるグルメイベントにも注目！ ※日程など詳細は各イベントのHPへ

1月上旬
珠洲あんこう祭り
あんこうの吊るし切り解体ショーや、アツアツのあんこう鍋を販売

1月中旬
宇出津のと寒ぶり祭り
脂ののった寒ぶりを使った料理が大集合！解体ショーも必見！

2月中旬
雪中ジャンボかきまつり
400mのジャンボ炭火コーナーで、能登の冬の味覚の牡蠣を存分に堪能！

5月下旬
能登小木港 イカす会
イカの一本釣りや朝どれイカのつかみどりなど、見どころ満載

7月下旬
輪島あわびまつり
輪島海女どれあわびを、その場で踊り焼きにして味わえる贅沢なイベント

11月中旬
輪島かにまつり
輪島港で水揚げ・浜茹でした旬の加能ガニを、浜値で販売！

グルメイベントは毎年大勢の人で賑わう

牡蠣がおトクに販売！

ぶり大根やぶりしゃぶを心ゆくまで堪能！

七尾湾に面した北陸の名湯 和倉温泉

和倉温泉

和倉温泉（わくらおんせん）

MAP P.123C-3 ☎0767-62-1555
（和倉温泉観光協会・和倉温泉旅館協同組合）

シラサギによって発見され、開湯1200年とされる温泉。日本でも珍しい"海の温泉"で泉質は塩分が強い。加賀藩の庇護のもと湯治の湯として人気を博し、明治以降は皇族の行啓も。

18 絶景ナビ

和倉温泉

和倉温泉加賀屋（わくらおんせんかがや）

MAP P.123C-3 ☎0767-62-4111

「プロが選ぶ日本のホテル・旅館100選」で、30年以上日本一を獲得したことでも有名な老舗旅館。海に突き出た空中露天風呂など、加賀屋ならではの湯情が楽しめる。

所七尾市和倉町ヨ部80 交のと里山空港から車で60分、金沢駅から電車で60分 P有

【名物】

くちこピザ 1800円

ウニソースをベースに干くちこがのった、磯の香り豊かな味わい

なまこや海（うみ）ごちそう

MAP P.123C-3
☎0767-62-4568

七尾湾でとれたなまこから作るなまこ料理のほか、旬の海の幸と地物野菜たっぷりの料理が味わえる。地酒も美味。

所七尾市石崎町香島1-22 時11：00〜LO13：30（14：00）、18：00〜LO20：30 休木曜 交北陸能登バス乗り換え温泉口からすぐ Pあり

極めの七貫 5184円

ランチタイムでは能登野菜サラダ、味噌汁、手作りデザートが付く

能登（のと）すしの庄（しょう） 信寿（のぶず）し

MAP P.123C-3
☎0767-62-2019

能登の魚をはじめとした旬の美味にこだわる。優雅な日本庭園を眺めながら、四季折々の絶品寿司を堪能しよう。

所七尾市和倉町ひばり3-120-1 時11：00〜14：00、17：00〜21：00 休水曜、第1・3木曜 交バス停香島から徒歩3分 P15台

【見どころ】

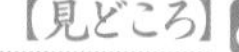

湯（ゆ）っ足（た）りパーク 妻恋舟（つまごいぶね）の湯（ゆ）

MAP P.123C-3
☎0767-62-2221（和倉温泉総湯）

海に面した足湯で、能登島大橋やツインブリッジのとなど七尾湾を一望できる。湯と佳景にゆったりと癒されよう。

所七尾市和倉町ひばり1-5 時7：00〜19：00 休無休 料無料 交JR和倉温泉駅から車で5分 P20台

和倉温泉総湯（わくらおんせんそうゆ）

MAP P.123C-3
☎0767-62-2221

大浴場や露天風呂を備える共同浴場。源泉100%＆加水ナシで、地元の人に親しまれている。

所七尾市和倉温泉 時8：00〜21：00 休毎月25日（土日の場合は翌月曜）料490円 交バス停和倉温泉からすぐ P90台

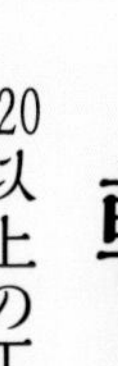

輪島塗

120以上の工程を経てできあがる堅牢優美な器

重要無形文化財の指定を受け、海外でも高い評価を受ける輪島の伝統工芸「輪島塗」。朱や黒で艶やかに輝く漆肌に蒔絵や沈金が施された優美な塗り物はまさに職人技だ。

日本における漆器の歴史は古く、輪島では最古の重蔵神社漆扉が室町時代の作といわれている。古来、能登は気候と湿度の両面から漆を扱うのに適しているそうで、木地を削り、漆や布、珪藻土を焼成粉末にした「地の粉」などを幾重にも重ねていき、工程は全120以上にわたる。輪島塗の工程は、今も昔も変わらずすべてが手作業で各職人が担当して行っている。だからこそ、国内トップクラスの堅牢性も輪島塗の特徴なのだ。しかも、何層も塗り重ねているから、単色にも深みがある。

優美でありながら、普段使いができる丈夫さ。輪島塗で食事をすると、その色艶、触感のよさに感動しきり。輪島塗の真価は、使うことで一層感じられるだろう。

【輪島塗りの工程】

1 **木地**
燻製乾燥させた原木を器の形に削り、下地塗へと進めていく

←

2 **中塗～上塗**
塗ると削るを繰り返して下地層を強固にし、上塗で仕上げる

←

3 **加飾**
蒔絵や沈金と呼ばれる技法で、絵や模様を細かく華やかに描く

\コレも輪島塗/

ひら椀・黒利休ねずグラデーション中2万6400円
使うほどに色艶が増していくのが特徴

漆の名刺入れ2万5300円～
ヒノキアスナロを使い、傷がつきにくい蒔地技法で仕上げた名刺入れ

購入は専門店で
能登
輪島キリモト・漆のスタジオ［本店］
▶P.105

歴史
×物語

history & story

能登の女性は働き者！

日本三大朝市のひとつ 輪島朝市の歴史をひもとく

世界に誇る輪島の伝統文化は平安時代までさかのぼり、
今も輪島のおかあちゃんたちの手で支えられている。

歴史、規模の両面から見ても日本一の朝市

日本各地で行われる朝市の中でも、「輪島朝市」（MAP P.123C-1）は歴史、規模ともに日本一といっても過言ではない。

その歴史は古く、平安時代から神社の祭礼日などに山海の幸をお互いに持ち寄り物々交換が行われていたことが、輪島朝市の起源と神社の文献に記されている。室町時代には毎月4と9のつく日に市が立ち、明治時代には毎日、そして現代にまで続き、その歴史は実に千年を超えている。

通称“朝市通り”と呼ばれる総延長約360mの道路上が車両通行禁止になり、毎朝8～12時頃まで約160軒もの露店が立ち並ぶ（毎月第2・4水曜と正月三が日は除く）。現在、輪島朝市は輪島市朝市組合によって運営されており、出店者はこの組合に加入していて、登録番号を持っている。

鮮魚や干物、野菜や草花などが毎朝並び、いろんな出会いも待っている

歴史の中で育まれてきた輪島朝市には多くの観光客が訪れる

女性が中心の朝市は素朴な人情が魅力

町の一日は「こうてくだぁ」という朝市の呼びかけから始まり、そのほとんどが女性。売るのも女、買うのも女、女ばかりで、「亭主の1人や2人、養えない女は女の風上にも置けぬ甲斐性なしだ」と自負しているのが、輪島女の心意気ともいう。同時に輪島の女性たちが家庭の煩雑さからしばし解放される憩いの場、あるいは社交の場にもなっている。

「正札」が付いていない商品は、「これいくら？」と聞いてみて、朝市ならではの売る者と買う者の会話と心の触れ合いを楽しもう。

MAP P.123C-1 ☎0768-22-7653（輪島市朝市組合）所輪島市河井町本町通り 時8：00～12：00 休第2・4水曜 交能登里山海道のと里山空港ICから車で20分 P600台

朝市でこれ買っとこ！

瓶詰発酵食品
自家製の佃煮や青のり、塩辛などご飯のお供にぴったり

柚餅子（ゆべし）
平安後期に生まれた輪島の代表銘菓。柚子の香りが芳醇

輪島塗の箸
艶やかに光る輪島塗の箸。丈夫で使い勝手も申し分なし

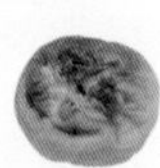
塩辛パン
じゃがいもと輪島の塩辛がパンにマッチ。ボリュームもある

干物類
輪島崎町や海士町など漁師町でとれた輪島の魚を干物に

えがら饅頭
黄色に染めたもち米をまぶして蒸した饅頭。食感はもちもち

AREA
GUIDE

加賀温泉郷

エリア内の
アクセス

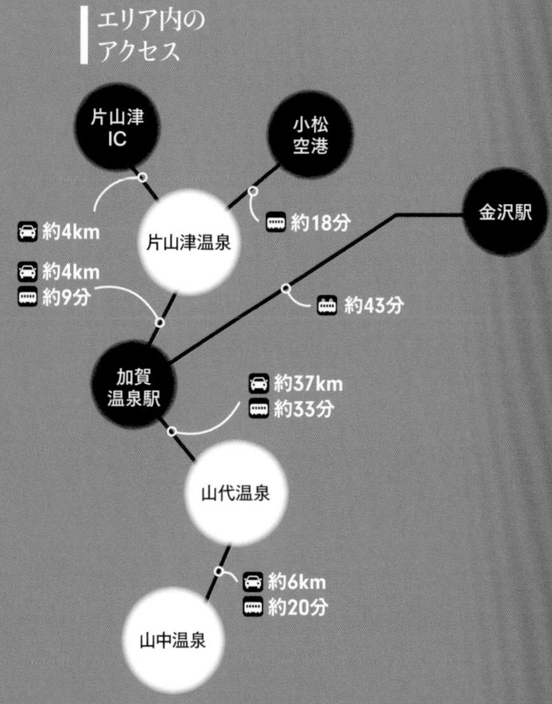

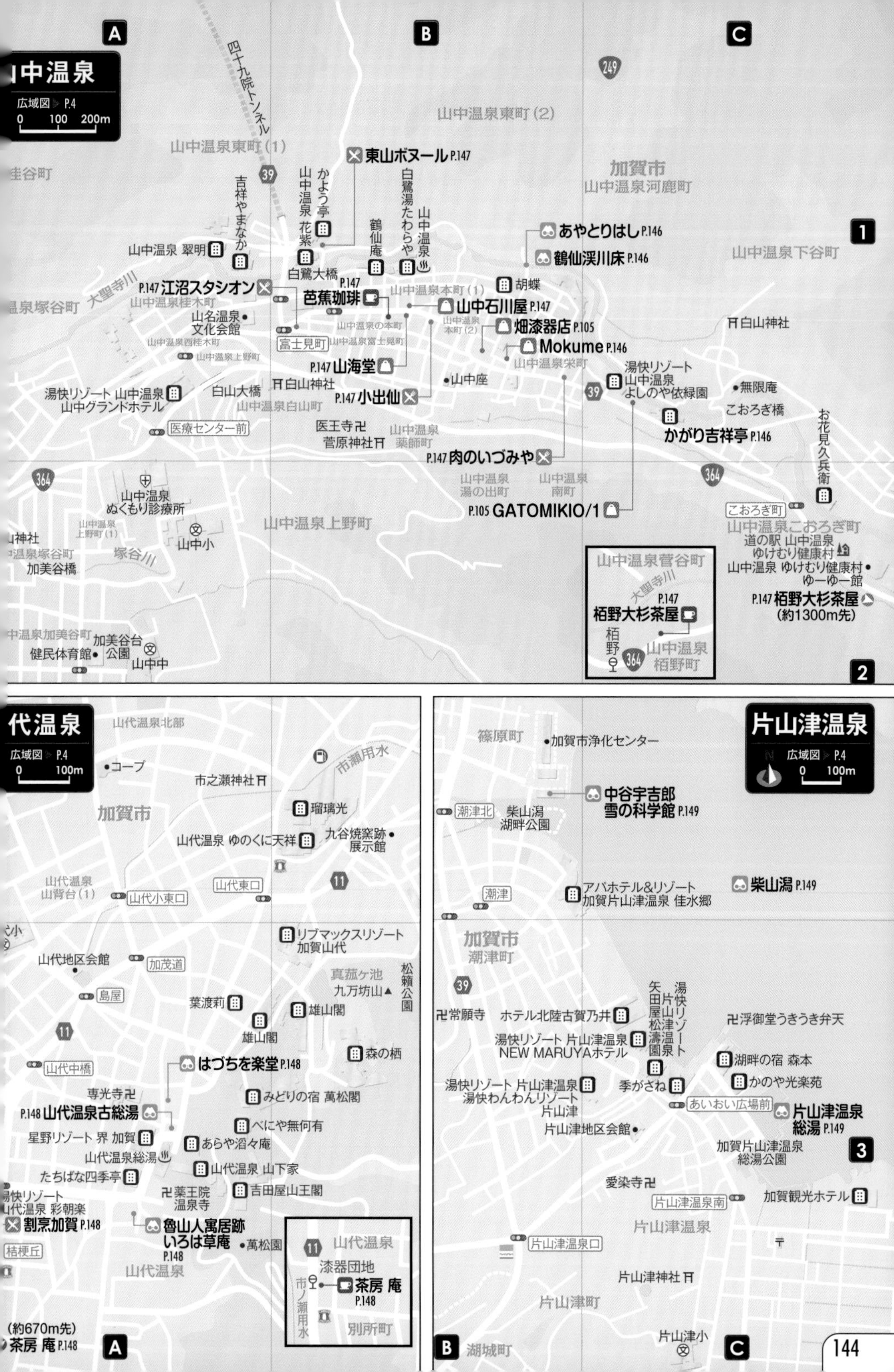

山中温泉
広域図 P.4
0 100 200m
四十九院トンネル
山中温泉東町(1)
山中温泉東町(2)
加賀市
山中温泉河鹿町
東山ボヌール P.147
かよう亭
山中温泉 花紫
白鷺湯たわらや
鶴仙庵
山中温泉
吉祥やまなか
山中温泉 翠明
白鷺大橋
あやとりはし P.146
鶴仙渓川床 P.146
山中温泉下谷町
P.147 江沼スタシオン
芭蕉珈琲 P.147
山中温泉本町(1)
胡蝶
山中石川屋 P.147
畑漆器店 P.105
Mokume P.146
白山神社
大聖寺川
山中温泉桂木町
山名温泉 文化会館
富士見町
P.147 山海堂
P.147 小出仙
山中座
山中温泉栄町
湯快リゾート 山中温泉 よしのや依緑園
無限庵
こおろぎ橋
かがり吉祥亭 P.146
お花見久兵衛
湯快リゾート 山中温泉 山中グランドホテル
白山大橋
白山神社
山中温泉白山町
医療センター前
医王寺
菅原神社
山中温泉 薬師町
P.147 肉のいづみや
山中温泉 湯の出町
山中温泉 南町
P.105 GATOMIKIO/1
こおろぎ町
山中温泉こおろぎ町
道の駅 山中温泉 ゆけむり健康村
山中温泉 ゆけむり健康村 ゆーゆー館
P.147 栢野大杉茶屋 (約1300m先)
山中温泉 ぬくもり診療所
山中温泉上野町
山中小
塚谷川
加美谷橋
山中温泉菅谷町
P.147 栢野大杉茶屋
栢野
山中温泉 栢野町
加美谷台公園
健民体育館
山中中
山代温泉
広域図 P.4
0 100m
山代温泉北部
コープ
市之瀬神社
市瀬用水
加賀市
瑠璃光
山代温泉 ゆのくに天祥
九谷焼窯跡展示館
山代東口
山代小東口
リブマックスリゾート 加賀山代
山代地区会館
加茂道
真菰ヶ池
九万坊山
松籟公園
島屋
葉渡莉
雄山閣
森の栖
山代中橋
はづちを楽堂 P.148
専光寺
P.148 山代温泉古総湯
みどりの宿 萬松閣
べにや無何有
星野リゾート 界 加賀
あらや滔々庵
山代温泉総湯
たちばな四季亭
山代温泉 山下家
薬王院温泉寺
吉田屋山王閣
湯快リゾート 山代温泉 彩朝楽
割烹加賀 P.148
魯山人寓居跡 いろは草庵 P.148
萬松園
桔梗丘
山代温泉
漆器団地
市ノ瀬用水
茶房 庵 P.148
別所町
(約670m先) 茶房 庵 P.148
片山津温泉
広域図 P.4
0 100m
篠原町
加賀市浄化センター
中谷宇吉郎 雪の科学館 P.149
潮津北
柴山潟 湖畔公園
柴山潟 P.149
潮津
アパホテル&リゾート 加賀片山津温泉 佳水郷
加賀市 潮津町
常願寺
ホテル北陸古賀乃井
矢田屋松濤園
湯快リゾート 片山津温泉
浮御堂うきうき弁天
湯快リゾート 片山津温泉 NEW MARUYAホテル
湖畔の宿 森本
かのや光楽苑
湯快リゾート 片山津温泉 湯快わんわんリゾート 片山津
季がさね
あいおい広場前
片山津温泉 総湯 P.149
片山津地区会館
加賀片山津温泉 総湯公園
愛染寺
片山津温泉南
加賀観光ホテル
片山津温泉
片山津温泉口
片山津神社
片山津町
片山津小
湖城町

こんなところ！ 【エリア別

加賀温泉郷
山中・山代・片山津

ゆっくりしていきね〜ね

風情ある温泉街が集まる、北陸随一の温泉郷

「関西の奥座敷」と評される加賀温泉郷は、かつて北陸有数の歓楽温泉として栄えた山代温泉をはじめ、行基による開湯伝説がある山中温泉、柴山潟のほとりにある片山津温泉、開湯当時からの旅館が今でも営業している粟津温泉の4湯を表す。各温泉地には「総湯」と呼ばれる共同浴場があり、宿泊しなくても気軽に4つの温泉を巡ることができるので、泉質や温度の違いを楽しんでみて。

心も体も癒される、山あいのいで湯

1 山中温泉（やまなかおんせん）

「行脚の楽しみ、ここにあり」と松尾芭蕉も絶賛した山中温泉は、実に見どころがいっぱい。緑に囲まれた美しい鶴仙渓を眺めながらの天然温泉は、心と体に癒しを与えてくれ、街をそぞろ歩けば、おいしいグルメにも出合える。古九谷や山中漆器など、ここで生まれた伝統工芸品も多いのが特徴。

▶P.146

九谷焼の故郷としても知られる温泉

2 山代温泉（やましろおんせん）

奈良時代から続くといわれる、大聖寺藩の歴代藩主や北大路魯山人などの文化人も愛した、加賀温泉郷を代表する名湯。共同浴場の総湯を中心に、宿や店が集まる界隈は「湯の曲輪」（ゆのがわ）と呼ばれ、ギャラリーやショップなどが点在している。

▶P.148

霊峰白山と柴山潟の美しい景色が魅力

3 片山津温泉（かたやまづおんせん）

湖底から湧き出る源泉の泉質はナトリウム・カルシウム塩化物泉で、保温効果があって湯冷めしにくいのが特徴。日に七度色を変えるという美しい柴山潟の中央では、高さ70mの大噴水が1日12回上がり、特にライトアップが始まる日没前後の時間は、幻想的な風景が広がる。

▶P.149

小松IC
金沢西ICへ
片山津IC
小松空港
54
3
金沢駅へ
305
小松駅
39
加賀IC
那谷寺
加賀温泉駅
8
2
147
1
364

レンタカーがなくても安心！

【上手に巡るヒント！】

1 加賀温泉郷を巡るキャン・バスが便利！

加賀温泉駅を起点に加賀温泉郷の名所を巡回するバス。「山まわり」「海まわり」「小松空港線」「加賀小松線」「加賀越前線」の5ルートが乗り降り自由。オリジナルのプランで旅を楽しめる。乗車券はバス車内や加盟旅館のフロントで購入可能。（1日券1100円、2日券1300円）

松尾芭蕉も称賛した日本三大名泉 山中温泉

1 絶景ナビ かがり吉祥亭（きっしょうてい）

山中温泉

MAP P.144C-1 ☎0761-78-2223

手を伸ばせば届きそうな鶴仙渓の絶景を満喫しながら、天然温泉で心癒されるひとときを。夕食では、橋立港から届く新鮮な海幸や加賀野菜を堪能できる会席料理をいただこう。

所加賀市山中温泉こおろぎ町ニ1-1 交北陸道加賀ICから車で25分、加賀温泉駅や小松空港から無料送迎有（要予約） P 42台（無料）

川のせせらぎが聞こえてくる

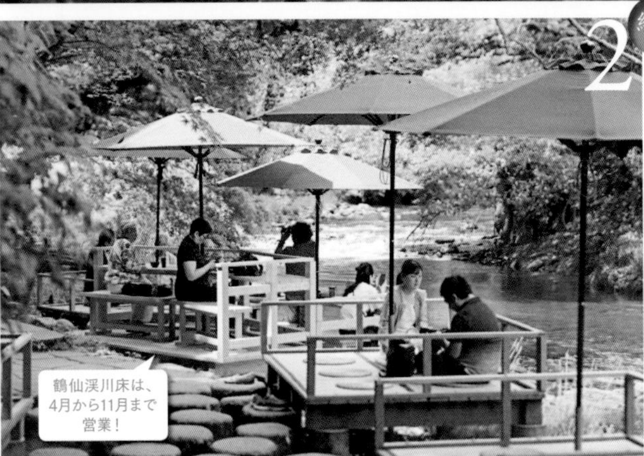

鶴仙渓川床は、4月から11月まで営業！

2 絶景ナビ 鶴仙渓川床（かくせんけいかわどこ）

山中温泉

MAP P.144B-1 ☎0761-78-0330

（山中温泉観光協会）

大聖寺川の中流にある渓谷で、あまりの美しさにあの松尾芭蕉が9日間も逗留したといわれている。川沿いには遊歩道も整備されており、散策が楽しめる。

所加賀市山中温泉 時9：30～16：00（11月のみ10：00～15：00） 休6/13～15、9/12～14 ※メンテナンス期間 料席料300円 交バス停加賀周遊キャン・バス山中座から徒歩5分 P 20台

info 川床でいただく名物「川床ロール」

鉄人 道場六三郎レシピの「川床ロール」は、山中温泉の人気スイーツ！

3 絶景ナビ あやとりはし

山中温泉

MAP P.144B-1 ☎0761-78-4134

いけばな草月流家元の勅使河原宏が、“あやとり”を模してデザインした紅紫色のS字橋。橋の上から望む鶴仙渓の眺めは格別！

所加賀市山中温泉 交山中温泉バスターミナルから徒歩7分 P 12台

4 絶景ナビ Mokume（もくめ）

山中温泉

MAP P.144B-1 ☎0761-78-1757

木地挽きの音と木の匂いが漂う店内には、山中漆器の木地師が作ったお箸や器が並ぶ。木の器づくり体験も可能（1回4400円～）

所加賀市中山温泉栄町ニ60 時10：00～16：00 休木曜 交バス停加賀周遊キャンバス山中座から徒歩10分 P なし（近隣に観光無料駐車場あり）

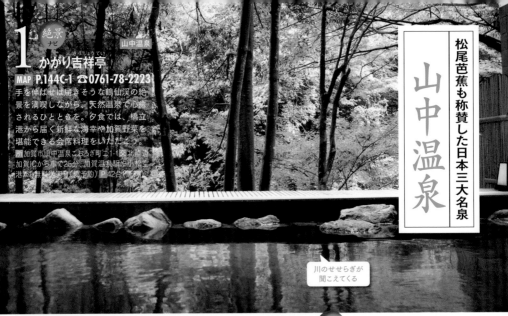

歩いて巡ればおいしい温泉グルメがいっぱい！

山中温泉で食べ歩き

「菊の湯」は腰まである深い浴槽が特徴

おいしいグルメを求めて、ぶら散歩

温泉街にある長谷部神社を中心とした「ゆげ街道」付近には、素敵なカフェや揚げたてのコロッケがテイクアウトできる精肉店、飲み比べができる酒屋など、魅力的なお店が並んでいる。ちょっと足を延ばせば、草団子の名店もあるので、自然の中を散歩しながら巡ってみたい。

A 栢野大杉茶屋

MAP P.144C-2 ☎0761-78-5489

手摘みのよもぎをふんだんに使った、800年の歴史を持つ草団子が有名。

所加賀市山中温泉栢野町ト10-1 時10：00～16：00 ※4/10～12/10の期間限定営業 休水・木曜 交バス停栢野からすぐ P10台

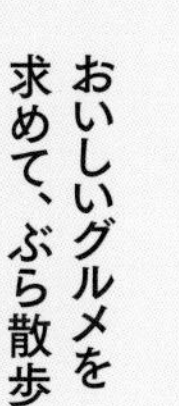

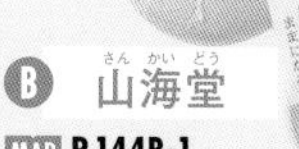

B 山海堂

MAP P.144B-1
☎0761-78-1188

「そっとひらくと」は、占いのお札と干菓子が入った和風フォーチュンクッキー。

所加賀市山中温泉湯の本町ク-8 時9：00～17：00（木・日曜は～13:00） 休火曜 交山中温泉バスターミナルから徒歩3分 P2台

C 江沼スタシオン

MAP P.144B-1 ☎0761-78-1911

地元食材を生かしたフレンチが堪能できる、オープンキッチンのレストラン(要予約)。

所加賀市山中温泉湯の本町ク38番 時11:30 ～LO13:00、18:00～ 休日曜 交山中温泉バスターミナルからすぐ P10台

D 肉のいづみや

MAP P.144B-1
☎0761-78-0144

注文を受けてから揚げる、和牛を使ったホクホクのコロッケが自慢！

所加賀市山中温泉南町ニ－16 時9:00～18:00 休不定休 交山中温泉バスターミナルから徒歩10分 P5台

E 小出仙

MAP P.144B-1
☎0761-78-1310

濃厚でコクのある、温泉たまご入りのソフトクリーム。

所加賀市山中温泉本町2-ナ－4 時9：00～17：30 休無休 交山中温泉バスターミナルから徒歩5分 Pなし

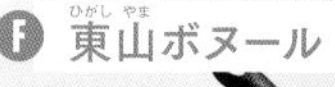

F 東山ボヌール

MAP P.144B-1
☎0761-78-3765

ナッツたっぷりの「森のケーキ」やビーフシチューが評判の店。

所加賀市山中温泉東町1-ホ19-1 時9：00～17：00 休木曜 交山中温泉バスターミナルから徒歩3分 Pなし

G 芭蕉珈琲

MAP P.144B-1
☎0761-78-1521

サクサクの自家製のワッフルに珈琲アイス(コーヒーゼリーキューブ入り)をのせて。

所加賀市山中温泉本町1-ヤ6 時9：00～19：00 休不定休 交山中温泉バスターミナルから徒歩すぐ Pなし

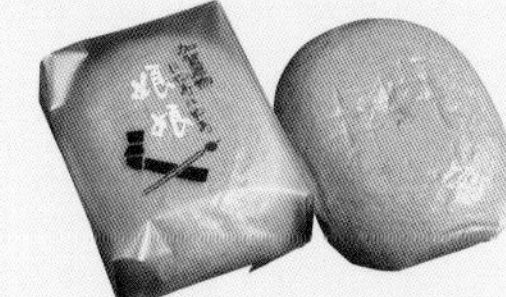

H 山中石川屋

黒糖と地産味噌がほのかに香る、山中温泉の銘菓

MAP P.144B-1 ☎0761-78-0218

所加賀市山中温泉本町2-ナ-24 時8：00～17：00 休水曜、1月1日 交山中温泉バスターミナルから徒歩5分 Pなし

多くの文化人に愛された名湯 山代温泉

総湯を囲む町並み「湯の曲輪」をそぞろ歩き

5 絶景ナビ

山代温泉

山代温泉古総湯

MAP P.144A-3 ☎0761-76-0144

ステンドグラスなどを使い、明治期の総湯を復元したレトロな雰囲気。北大路魯山人や与謝野晶子らが愛した湯を堪能できる。

所加賀市山代温泉18-128 時6:00～22:00（12月から2月は7:00～21:00）休第4水曜6:00～12:00まで 料500円 交山代温泉バス停から徒歩3分 P100台

【名物】 

お抹茶プリン 750円

純白のプリンとアイスに濃茶をかけて

茶房 庵

MAP P.144A-3
☎0761-76-2102

季節をこまやかに表現したしつらえと、手間ひまかけて供される美しい甘味が五感に響く。確かな味わいの抹茶と主菓子も絶品。優雅な時間を。

所加賀市山代温泉南町1区106 時10:00～19:00 休木曜 交加賀温泉バス漆器団地からすぐ P7台

加賀カニごはん 3980円

香箱ガニを丸ごと味わいつくせる至福の御膳

割烹加賀

MAP P.144A-3
☎0761-76-0469

老舗割烹で味わえる「加賀カニごはん」は、甲羅焼きガニ甘辛丼＆カニちらし寿司と、カニ鍋の〆にはカニ雑炊とカニづくし。

所加賀市山代温泉桔梗丘2-73 時11：30～14：00、17：00～22：00 休月曜夜、火曜 交加賀温泉バス山代西口から徒歩3分 P20台

【見どころ】 

はづちを楽堂

MAP P.144A-3
☎0761-77-8270

美しい紅殻格子の建物は「はづちを茶店」「丹塗り屋」「寿座」の3つからなっており、温泉街の風情を楽しめる。軽食、甘味のほか地酒も。

所加賀市山代温泉18-59-1 時9：30～17：00 休水曜（祝日の場合は営業）交加賀周遊バス山代温泉総湯・古総湯からすぐ P3台

魯山人寓居跡 いろは草庵

MAP P.144A-3
☎0761-77-7111

大正時代、北大路魯山人が滞在し、山代の旦那衆と交流した別荘。書斎や囲炉裏、庭などから当時の息吹を感じられる。

所加賀市山代温泉18-5 時9：00～17：00 休水曜（祝日の場合は開館）料560円 交加賀周遊バス万松園通 魯山人寓居跡いろは草庵からすぐ P50台

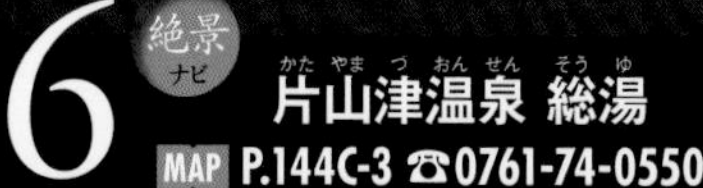

幻想的な風景が広がる柴山潟 片山津温泉

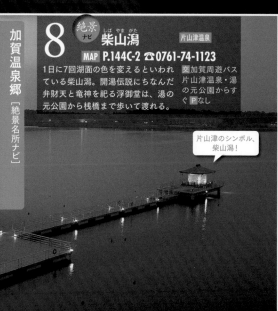

片山津温泉

6 絶景ナビ 片山津温泉 総湯

MAP P.144C-3 ☎0761-74-0550

石川にゆかりのある著名な建築家が設計した全面ガラス張りの建物。柴山潟を望む「潟の湯」と、緑の木々に囲まれた「森の湯」が日替わりで利用できる。

所加賀市片山津温泉乙65-2 時6:00～22:00 休臨時休館あり 料490円 交温泉片山津線加賀片山津温泉総湯からすぐ P50台

8 絶景ナビ 柴山潟

片山津温泉

MAP P.144C-2 ☎0761-74-1123

1日に7回湖面の色を変えるといわれている柴山潟。開湯伝説にちなんだ弁財天と竜神を祀る浮御堂は、湯の元公園から桟橋まで歩いて渡れる。

交加賀周遊バス片山津温泉・湯の元公園からすぐ Pなし

片山津のシンボル、柴山潟！

7 絶景ナビ 中谷宇吉郎雪の科学館

片山津温泉

MAP P.144B-2 ☎0761-75-3323

世界で初めて人工的に雪の結晶を作ることに成功した中谷宇吉郎の多彩な業績を、実験・観察装置を使ってわかりやすく展示。

所加賀市潮津町イ106 時9:00～17:00 休水曜（祝日の場合は開館） 料560円 交加賀周遊バス中谷宇吉郎雪の科学館からすぐ P30台

info

体験では、氷のペンダントを作ることができる。

コレだけ押さえれば大丈夫！

金沢交通インフォメーション

電車・新幹線で行く

東京と大阪、どちらの方面からも便利な鉄道。金沢駅に到着すれば、そのあとの移動もスムーズだ。

特急

バッチリ 名古屋からはしらさぎ、大阪からはサンダーバードで

「しらさぎ」も「サンダーバード」も乗り換えなしでアクセスできるので快適。「サンダーバード」は本数も多くて便利。

残念 しらさぎは1日8本のみなので時間に注意

名古屋から乗り換えなしでアクセスできる「しらさぎ」は1日8本。1～2時間に1本なので、時刻表を確認しておこう。

新幹線

バッチリ 東京から行く場合は、かがやき・はくたかを利用すべし！

北陸新幹線を利用しない手はない。「かがやき」だと東京～金沢間は2時間30分！「はくたか」は3時間～3時間15分。

残念 かがやきのほうが早いが、指定席のみなので要予約

短時間で金沢までアクセスできるが、「かがやき」には自由席がない。必ず事前予約が必要なので気を付けよう。

路線	出発駅	所要	運賃・料金
JR 北陸新幹線・かがやき	東京駅	2時間30分	1万4580円
JR 北陸新幹線・はくたか	東京駅	3時間	1万4580円
JR 特急・しらさぎ	名古屋駅	3時間	7660円
JR 東海新幹線・ひかり／こだま → 米原駅（乗り換え）→ JR 特急・しらさぎ	名古屋駅	2時間30分	8460円～
JR 特急・サンダーバード	大阪駅	2時間30～50分	7990円

到着：金沢駅

すっごく速い！

ラインがポイント

本数も多くて便利

お得な切符をチェック

東京から　えきねっとトクだ値

新幹線や特急列車などの指定席が利用できる、片道タイプの割引きっぷ。

料金 1万2760円
※東京（都区内）～金沢駅

販売 インターネット予約サイト「えきねっと」

名古屋から　北陸観光フリーきっぷ

東海～北陸の往復、北陸フリー区間の乗り降り自由など、北陸観光に便利。

料金 1万6230円（名古屋市内）

販売 出発駅及びその周辺のJRの主要駅、主な旅行代理店など

関西から　北陸乗り放題きっぷ

関西～北陸の往復、北陸フリー区間のJR線乗り降り自由などがセット。

料金 1万5850円（大阪市内）／3日間有効

販売 出発駅及びその周辺のJRの主要駅、主な旅行代理店など※販売期間は要問合せ

大人旅チョイス 往復新幹線＋宿のセットでとってもお得！

JR東日本びゅうパッケージツアー

JR 東日本国内ツアー
首都圏⇔金沢（普通車指定席）

往復 + 宿 旅行代金 =2万6100円～2万6400円

※設定期間：2020年5月7日～8月5日、8月17日～9月29日（除外日あり）
※【JR付ツアー】お得に北陸／金沢マンテンホテル駅前、食事なし2名1室の場合

えきねっと 検索 https://www.eki-net.com

飛行機で行く

なんといってもスピーディーに移動可能な飛行機。電車の乗り継ぎが大変な遠方からはアクセス◎。

バッチリ 金沢・加賀は小松空港、能登にはのと里山空港が便利

石川県の空港は2つ。金沢や加賀温泉郷へは小松空港、輪島や和倉温泉、奥能登へはのと里山空港(能登空港)が便利。

残念 新幹線に比べてやや高め

時間短縮できる分、やはりお値段はちょっと高め。お財布と相談しよう。

残念 逆に羽田空港以外だと飛ぶ本数が少ない…

成田から小松は1日1便。東京から飛行機を利用する場合は羽田空港が便利でおすすめ。

バッチリ 羽田空港から1時間!本数が多いのもうれしい!

羽田〜小松は約1時間、圧倒的な早さが魅力。午前中はほぼ1時間に1本出ているので便利。

高速バスで行く

リーズナブルな高速バス。夜行バスを利用すれば寝ている間に移動できるので時間が有効活用できる。

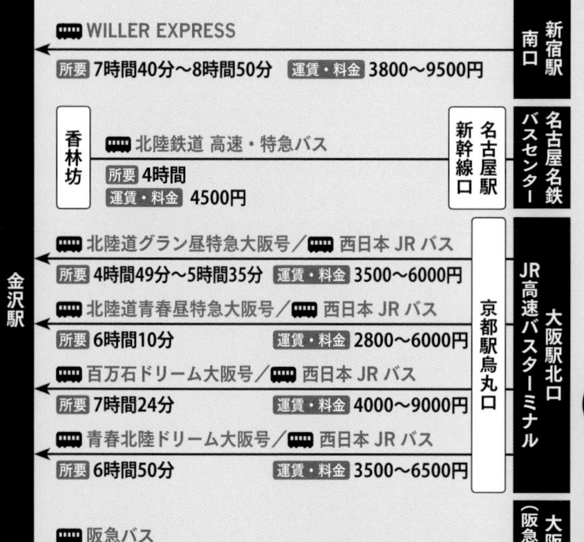

バッチリ 東京や大阪から3100円〜で行ける

新幹線や飛行機では考えられない価格。予算を抑えたい人は断然バス。

残念 体力と要相談

移動時間が長くなるので、体力と相談して利用しよう。

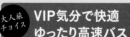

金沢市内のアクセス

城下まち金沢周遊バス路線図MAP

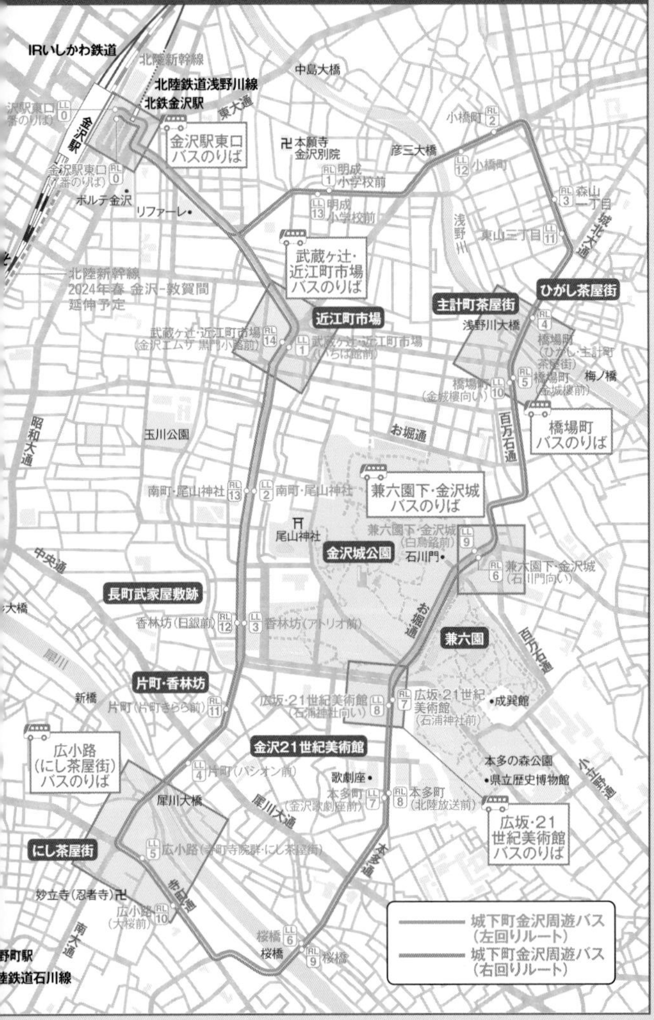

金沢駅東口バスのりば
武蔵ヶ辻・近江町市場バスのりば
橋場町バスのりば
兼六園下・金沢城バスのりば
広小路(にし茶屋街)バスのりば
広坂・21世紀美術館バスのりば

近江町市場　ひがし茶屋街　主計町茶屋街　金沢城公園　長町武家屋敷跡　兼六園　片町・香林坊　金沢21世紀美術館　にし茶屋街

北陸新幹線 2024年春 金沢-敦賀間 延伸予定

—— 城下町金沢周遊バス(左回りルート)
—— 城下町金沢周遊バス(右回りルート)

半径3km以内に観光スポットが集まる金沢。路線バスやレンタサイクルなどを使って移動しよう。

1 バス

巻頭付録のバス案内もチェック！

移動の基本はバス。複数のバスがあるので上手に活用しよう。

バッチリ 人気観光地を巡るなら城下まち金沢周遊バスがベスト

ひがし茶屋街、兼六園、にし茶屋街、近江町市場を通って金沢市内を周遊。金沢観光の基本となるバスだ。

残念 右回り・左回りでルートやバス停名が異なる

右回り・左回りと2つのバスがあるので、目的地に合わせて選ぼう。

大人旅チョイス

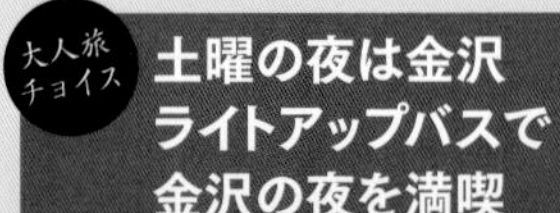
土曜の夜は金沢
ライトアップバスで
金沢の夜を満喫

ライトアップされた兼六園や夜のひがし茶屋街などを巡る観光バス。

残念 運行は土日祝のみ。平日は運行していない

残念ながら平日の運行はしていないので、スケジュールを立てるときには気を付けよう。

バッチリ 1回乗車100円！まちバスで人気観光地へ！

土・日曜、祝日のみ、近江町市場、香林坊、兼六園などの観光地へ行くまちバスも運行。

お得な切符をチェック

北鉄バス1日フリー乗車券 600円

「城下まち金沢周遊バス」「北陸鉄道グループ路線バス(指定エリア内)」が乗り放題。一部の観光施設の割引特典も。

発売場所 北鉄駅前センター（金沢駅東口バスターミナル内）、北鉄バスサービスセンター武蔵エムザ店（めいてつ・エムザ1階黒門小路内）など

2 まちのり

コンパクトに見どころが集まる
金沢は自転車も便利。

ポート間の所要時間の目安

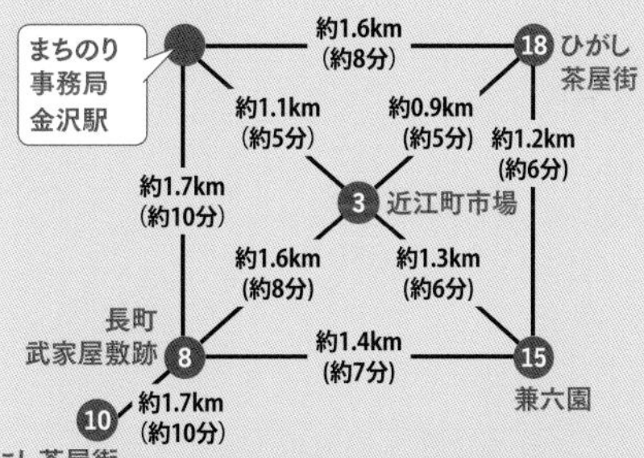

バッチリ 自転車で スイスイ 楽に移動できる

主要なスポットは、自転車で移動するのにちょうどいい距離。バスの混雑も問題なし！

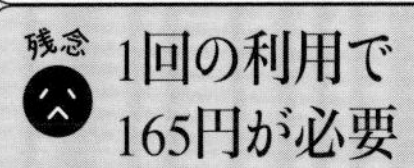

残念 1回の利用で 165円が必要 30分ごとに110円追加

1回の利用は165円。その後、30分経過するごとに110円が追加されていく。

まちのりって？

自転車レンタルサービス。市内75カ所のサイクルポートを拠点に、どこでも自転車を借りられる。返却もどこでもOK。

利用時間 貸出・返却24時間※まちのり事務局は9:00～18:00

料金 1日パス1650円（カード代込、webサイトの場合は1430円）、1回会員165円（30分を超えると110円ずつ追加）

まちのり事務局☎076-255-1747

時9:00～18:00 休年末年始

3 定期観光バス

主要スポットを巡るガイド付きの定期観光バス。路線バスなどを利用しなくてもいいので、全部お任せで案内してほしい人におすすめ。

北陸鉄道予約センター
☎076-234-0123
（9:00～18:00年中無休）

バッチリ 人気観光スポットをまとめて回れちゃう

ひがし茶屋街や兼六園など、人気スポットを順番に回ってくれるので、時間も効率的。

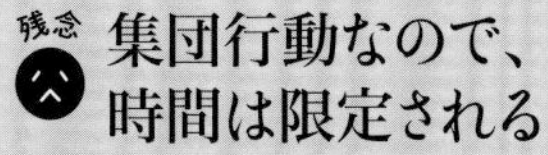

残念 集団行動なので、時間は限定される

見学時間が決まっているので、ゆっくり観光したいところは改めて訪れよう。

【コース一例】

金沢駅東口
↓
ひがし茶屋街 自由散策
↓
天徳院からくり人形劇観覧
↓
長町武家屋敷跡 自由散策
↓
兼六園周辺エリア 自由散策
↓
金沢駅東口

4 タクシー

スムーズに移動できて快適。人数が多ければお得なことも！

グループにおすすめ タクシーで快適移動！

家族旅行やグループ旅行など、複数で移動する場合はタクシーがおすすめ。人数が多いと割安になるだけでなく、バスの待ち時間なども短縮できる。

2つの主要タクシーはこちら

石川近鉄タクシー	☎076-221-3265
冨士タクシー	☎076-237-1020

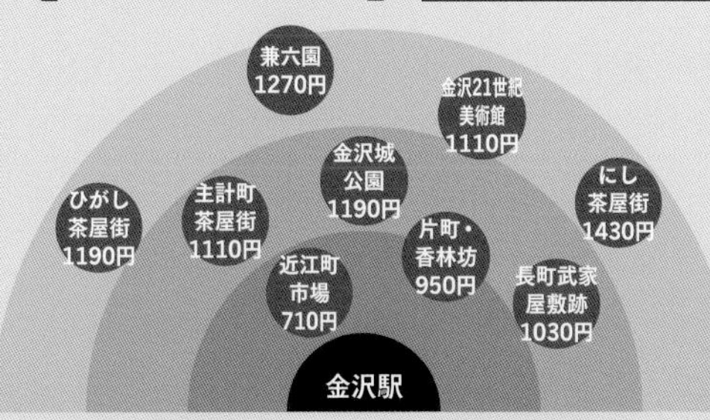

※最も一般的な運賃目安。交通状況によって運賃の変動あり

大人旅チョイス 多人数ならリーズナブル 快適な観光タクシー

タクシー乗務員が貸切タクシーで観光スポットを案内。希望に合ったプランが探せるのも魅力。

［料金の目安］
金沢歴史散策コース1万9200円～
（石川近鉄タクシー）
☎0570-08-3265

残念 少人数で 利用すると 割高になることも…

快適＆スムーズに移動できる分、やはりお値段は高め。数名でシェアするのがおすすめ。

バッチリ 移動時間を短縮！ 重い荷物も 持ち歩かなくて大丈夫

おみやげが増えてもタクシーなら持ち歩く心配なし。移動もスムーズでゆっくり観光できる。

金沢周辺エリアへのアクセス

能登や加賀温泉郷など、金沢市のほかにも見どころがたっぷり。電車や高速バスで出かけよう。

電車

長距離移動の基本となる電車。お得きっぷが使えるエリアもあるので上手に活用したい。

お得切符をチェック

●デジタル切符で北陸観光しよう

北陸おでかけtabiwaパス

北陸地方のJR西日本の路線に加えて、えちごトキめき鉄道、あいの風とやま鉄道全線、IRいしかわ鉄道全線が1日乗り放題。新幹線は使用できない。

料金 2450円／土・日曜、祝日の1日有効

販売 モバイルチケットのみ ※スマホアプリ「tabiwa by WESTER E」ダウンロードまたはWEB「tabiwa by WESTERE」に登録

●奥能登へ行くなら

奥能登まるごとフリーきっぷ

北鉄奥能登バスの路線バス全線と、のと鉄道線（七尾～穴水駅）が2日間乗り放題。能登観光に便利。

料金 3000円／2日間有効

販売 輪島旅行センター、たびスタ、飯田支所、七尾駅、穴水駅

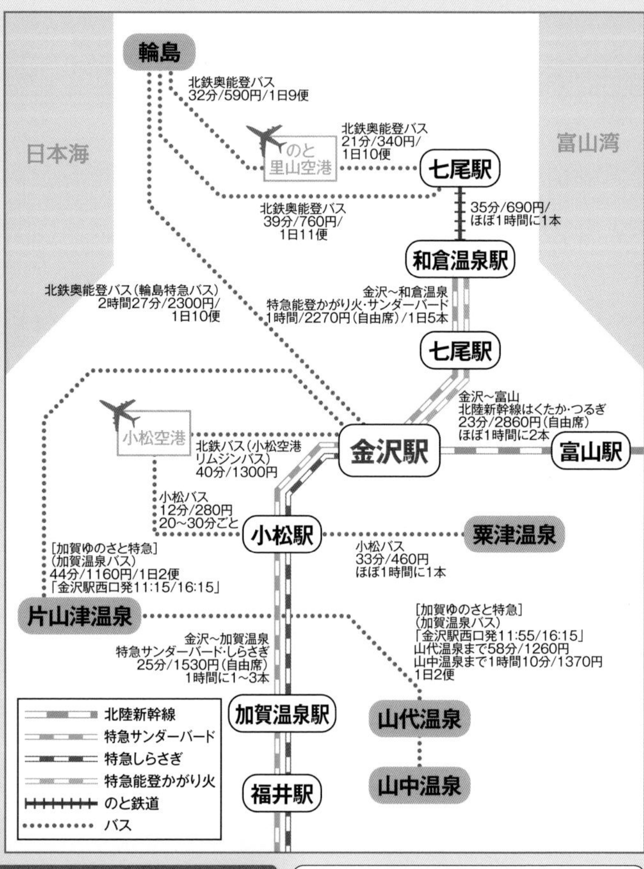

大人旅チョイス 魅力的な観光列車がたくさんあるのでぜひ利用しよう

のと里山里海号（さとやまさとうみごう）

能登の里山里海の風景を満喫。旬の味が楽しめる食事付プランもある。

運行区間 七尾駅～和倉温泉駅～穴水駅

運行日 土・日・祝のみ1日5便運行

問い合わせ のと鉄道観光列車予約センター（10:00～17:00）☎0768-52-2300 ㊡火曜

花嫁のれん（はなよめ）

輪島塗や加賀友禅をイメージした、和と美を感じる空間が魅力的。

運行期間 金沢駅～七尾駅～和倉温泉駅

運行本数 1日2往復（運休日あり）

問い合わせ JR西日本お客様センター（時刻・運賃等）☎0570-00-2486（有料）※6:00～23:00

バッチリ 加賀温泉駅や能登へは特急でスムーズに行ける

加賀温泉駅や七尾、和倉温泉は金沢から電車1本でアクセスもスムーズ！日帰り観光も可能。

残念 輪島や各温泉郷へはバスや車を利用

輪島や片山津温泉、粟津温泉などは、駅からバスを利用するため、車のほうが便利な場合も。

レンタカー

移動の便利さはもちろん、ドライブを楽しみたい人にも人気。安全運転で、効率よく巡ろう。

バッチリ 時間を気にせず自由に動ける

電車やバスの時刻表などを気にせず、自分好みのプランを立てられる。

残念 少人数の場合はちょっと割高

料金は少し高め。家族やグループなど複数で利用する場合は安上がりに。

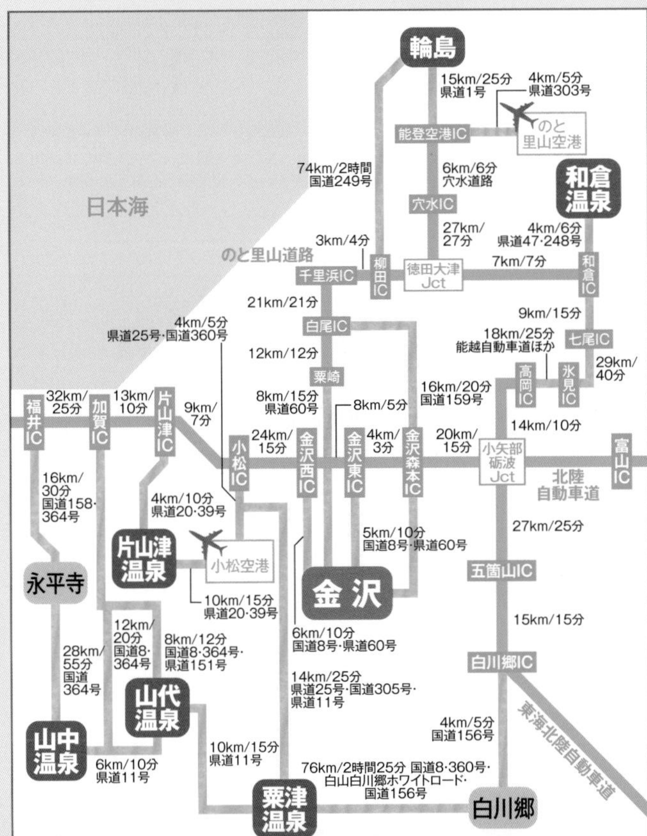

お得切符をチェック

●レンタカー利用で鉄道が割引

レール＆レンタカーきっぷ

列車と駅レンタカーをセットで利用するとJR運賃・料金がお得に利用できるきっぷ。

割引 JR線「片道」「往復」「連続」乗車券の営業キロで201ｋｍ以上利用の場合、運賃20%、料金10%割引（のぞみ・みずほ、グランクラス、A寝台および個室を除く）※詳細は「おでかけネット」で検索。

販売 駅のみどりの窓口、旅行センター及び主な旅行会社※駅レンタカーは各自で事前予約が必要

●能登の海辺を無料ドライブ

のと里山海道 走行無料

金沢と能登半島を結ぶ約90kmの無料自動車専用道路。海と山の景色をどちらも楽しめ、サービスエリアも充実している。千里浜なぎさドライブウェイ(→P.130)は日本で唯一砂浜を自動車で走行できる。

大人旅チョイス 車がなくてもスムーズに観光できる！加賀温泉・能登をバスで巡ろう

加賀周遊バス「キャン・バス」

加賀温泉郷の見どころを巡回運行するバス。乗り降り自由で便利！

ルート 山まわり線、海まわり線、小松空港線、加賀小松線、加賀越前線

運行本数 毎日運行（1～2時間に1本）

問合せ まちづくり加賀 ☎0761-72-7777

定期観光バス

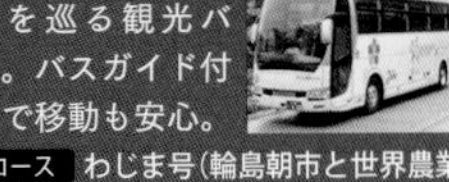

能登の観光スポットを巡る観光バス。バスガイド付きで移動も安心。

コース わじま号(輪島朝市と世界農業遺産)、あさいち号(能登海岸めぐりと五重塔)など **運行本数** 毎日運行(予約制)

問合せ 北陸鉄道予約センター☎076-234-0123

バッチリ 広範囲を周遊するならレンタカーが便利

駅から遠いスポットも多いので、いろいろなスポットを巡りたいときは車がおすすめ。

残念 金沢市内だけなら車は使わなくてOK

金沢市内は路線バスが充実。見どころもコンパクトに集まるので、車がなくても問題なし。

そのときにしか
出合えない絶景があります！

金沢歳時記

四季の魅力あふれるイベントに、金沢ならではの海・山の幸…季節ごとの楽しみを知っておけば、旅が一層思い出深いものになるはず。

1月

新春を彩る「出初式」で一年が華やかに幕開け。消防団員たちが加賀鳶はしご登りなどを披露する。

雪吊り

兼六園で見られる、雪害から樹木を守るために設置する冬の風物詩

出初式

金沢城公園 新丸広場

総勢1000人以上の消防局員と消防分団員が集まり、技を披露する

2月

金沢の雪は水分が多いので、雪の日はレインブーツがおすすめ。雪吊りが美しい冬の兼六園は必見。

甘エビ の旬は 9～2月頃

金沢城・兼六園 ライトアップ 四季物語「冬の段」

金沢城公園・兼六園

2月中旬

冬は空気が澄んでいるため、雪吊りされた木々もひと際美しく見える

3月

春の兆しを感じる日もあるが、雪が降る日もあり、まだ服装も寒さ対策が必要なので気を付けよう。

卯辰山公園では、鮮やかな梅の花が春の訪れを告げるほか、春分の日には浅野川で7つ橋渡りという儀式が行われる

のどぐろ の旬は 11～3月頃

7月

昔から夏の始まりとされる7月1日。金沢には無病息災を願って「氷室饅頭」を食べる風習がある。

氷室の日

市内各所

町民が氷室にためた氷の代わりに饅頭を食べたことが始まり。餡の種類もさまざま

8月

夏休みシーズンで美術館などは混雑。各所で夏休み向けのイベントなどが開催されるのでチェック。

加賀太きゅうり の旬は 4月上旬～11月下旬頃

輪島大祭

輪島

8月下旬

輪島中心部の4地区で行われる夏祭り。漆塗りの豪華なキリコが巡行する

9月

秋の訪れを感じる9月。1日には底引き網漁が解禁となり、近江町市場にも新鮮な魚がズラリと並ぶ。

加賀れんこん の旬は 8月下旬～5月中旬頃

底引き網漁解禁

近江町市場など市内各所

9月1日

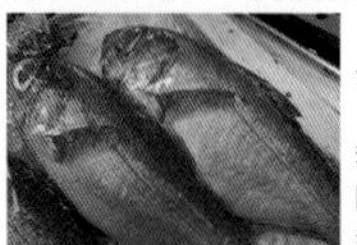

金沢の人が心待ちにしている解禁日。地元の新聞やテレビでも報道される

▼気候のいい10月が穴場シーズン!?

比較的雨が少なく、気温的にも過ごしやすい10月の金沢。観光に最適な季節だが、紅葉には少し早いということもあり、11月と比べると観光客は少なめ。また、11月6日のズワイガニ漁解禁を待って足を運ぶ人も多いため、カニを重視しない人には10月はおすすめの穴場シーズンとなっている。

▼金沢らしさを狙うなら冬

冬はズワイガニやブリなど日本海の美味が満載。そのほか、郷土料理のかぶら寿司も金沢の冬を代表する味覚のひとつだ。

また、兼六園で見られる雪吊りも冬の風物詩。木を雪から守るために施される雪吊りは、冬の金沢の象徴でもあり、ライトアップされる幻想的な姿は一見の価値あり。

4月

桜の時期に合わせて、兼六園では無料開放を実施。金沢気象台の開花宣言のあと、約1週間設定する。

← 桜

兼六園のほか、金沢城公園や卯辰山公園なども金沢の人気桜スポットとして知られる

兼六園無料開園　4月上旬

兼六園

無料開園日にはライトアップも開催。スケジュールが合えばぜひ訪ねたい

5月

日中は温かく、過ごしやすくなる5月。GWに行われる陶器市には、全国から20万人以上が訪れる

アカガレイの旬は4〜6月頃

九谷茶碗まつり　5月初旬

能美市九谷陶芸村特設会場

九谷焼産地ならでは大イベント。幅広いジャンルの九谷焼商品が販売される

6月

6月14日は、かつて前田利家が金沢城に入城した日。金沢百万石まつりはこの日にちなんだもの。

甘栗かぼちゃの旬は6〜8月頃

金沢百万石まつり　6月1〜3日

金沢市内各所

メインイベントの百万石行列をはじめ、加賀友禅灯ろう流しなどが行われる

10月

気温がぐっと下がり、朝夜の気温差が大きくなる。本格的な紅葉には少し早いが、狙い目のシーズン。

五郎島金時の旬は9月〜12月頃

源助だいこんの旬は10月下旬〜2月上旬頃

11月

晴天が多く、過ごしやすい11月の金沢。ズワイガニの解禁日が訪れると、金沢は一気に冬モードに。

↔ 紅葉

兼六園では紅葉のライトアップが行われるのでスケジュールを確認しよう

ズワイガニ漁解禁　11月6日

橋立漁港

漁が解禁されると、近江町市場にもズワイガニが並び、一層活気を増す

12月

寒さが厳しくなり、雪が降ることも。カニやブリが旬を迎え、美味な金沢を楽しむのに最高の季節。

雪吊り →

薦掛け（こもがけ）　12月初旬〜3月中旬

長町武家屋敷通り

土塀を雪から保護する、冬の風物詩。雪による損傷や土の剥がれを防いでいる

※イベント・行事の情報は2023年6月現在の情報です。日時は変更される可能性があります。

INDEX　索引

【食べる】

【見る】

【泊まる】

【買う】

日本の美をたずねて

大人絶景旅

金沢・能登 加賀温泉郷 '24-'25年版

大人絶景旅
金沢・能登　加賀温泉郷 '24-'25年版

2023年6月30日　第1刷発行

編　著　朝日新聞出版

発行者　片桐圭子

発行所　朝日新聞出版
〒104-8011　東京都中央区築地5-3-2
（お問い合わせ）infojitsuyo@asahi.com

印刷所　大日本印刷株式会社

ISBN　978-4-02-334739-7

STAFF

編集制作　株式会社エディットプラス
有限会社ストアインク

取材・執筆　株式会社エディットプラス
（武田百加、安岡遥、山口春菜）

有限会社ストアインク編集部

撮影　鈴木誠一
中山健

写真協力　金沢市
石川県観光連盟
金沢市立玉川図書館近世史料館
関係各市町村観光課
関係諸施設
朝日新聞社
PIXTA
Shutterstock
photolibrary
amanaimages

表紙デザイン　bitter design
矢部あずさ

本文デザイン　bitter design
矢部あずさ
岡澤輝美

地図制作　s-map

イラスト　岡本倫幸

組版・印刷　大日本印刷株式会社

企画・編集　朝日新聞出版
白方美樹
岡本 咲
清永 愛

本書に掲載されている地図の作成に当たっては、国土地理院長の承認を得て、同院発行の電子地形図25000を使用した。（承認番号　平30情使、第563号）